実践テキスト

店舗の企画・設計とデザイン

Planning and design of shops

公益社団法人
商業施設技術団体連合会 [監修]

高柳英明・飯田有登 [共編]

Ohmsha

●編者・執筆者一覧（50音順)●

《編者》
飯田　有登　　町田・デザイン専門学校
高柳　英明　　東京都市大学

《執筆者》
浅野　真理　　山脇美術専門学校
飯田　有登
池田　和繁　　東京デザイン専門学校
大滝　道晴　　青山製図専門学校
大塚　則幸　　専門学校ICSカレッジオブアーツ
加藤　博正　　東京モード学園
君島　一行　　テック・デザイン・オフィス代表
栗山　雅之　　青山製図専門学校
輿水　正明　　町田・デザイン専門学校
白石　和資　　商環境研究所
白石　照美　　拓殖大学
杉浦　良幸　　専門学校文化デザイナー学院
鈴木　睦子　　アトリエ　む～が代表
高柳　英明
獨鈷　智宏　　商環境研究所
南波　勝己　　専門学校日本デザイナー学院
塙　麻美　　専門学校文化デザイナー学院
平田　哲也　　尚美学園大学
平田(武原)徳恵　　首都大学東京
広瀬　文久　　トライデントデザイン専門学校
福澤　清子　　山脇美術専門学校
堀江　篤史　　神奈川県立産業技術短期大学校
山田　教雄　　商業施設士
渡邊　あゆみ　　浅野工学専門学校

イラスト　飯田将基

本書を発行するにあたって，内容に誤りのないようできる限りの注意を払いましたが，本書の内容を適用した結果生じたこと，また，適用できなかった結果について，著者，出版社とも一切の責任を負いませんのでご了承ください．

本書は，「著作権法」によって，著作権等の権利が保護されている著作物です．本書の複製権・翻訳権・上映権・譲渡権・公衆送信権（送信可能化権を含む）は著作権者が保有しています．本書の全部または一部につき，無断で転載，複写複製，電子的装置への入力等をされると，著作権等の権利侵害となる場合があります．また，代行業者等の第三者によるスキャンやデジタル化は，たとえ個人や家庭内での利用であっても著作権法上認められておりませんので，ご注意ください．

本書の無断複写は，著作権法上の制限事項を除き，禁じられています．本書の複写複製を希望される場合は，そのつど事前に下記へ連絡して許諾を得てください．

出版者著作権管理機構
（電話 03-5244-5088，FAX 03-5244-5089，e-mail：info@jcopy.or.jp）

JCOPY ＜出版者著作権管理機構　委託出版物＞

読者のみなさんへ

　商空間の場（店舗）は、人と人との出会いをつくり出します。また、顧客によろこびと満足感を提供する場が、「商い」の根幹でもあります。その絆が確立してこそ、繁栄へとつながります。

　また、その場を演出し、その役割を担う者が、店舗デザイナーと呼ばれます。

　本書の監修者である「公益社団法人　商業施設技術団体連合会」（以下、商施連）は43年前に、当時の通産省と建設省の両所管により設立されました。商施連は、店舗設計に携わる従事者に対する社会的職能の確立を図るため、商業施設士制度を創設しました。大学・専門学校などを認定校として定めて、商施連が主体となって店舗デザイナーの卵を指導・育成し、多くの学生の皆さんを社会に送り出してきました。

　本書は、社会に貢献できる店舗デザイナーを、より多く社会に輩出すべく、第一線で活躍される認定校の諸先生方にまとめていただいた入門書です。内容構成としては、小規模な店舗をつくり出すための「マーケティング経営」・「企画」・「設計」・「デザイン」など幅広い視点で、豊富な事例を挙げてまとめられています。これから、商業施設関連業界に進む皆さんたちが、まず手に取って学ぶには、最適な一冊として推薦することのできる教科書といえます。

　末筆ではございますが、本書制作にあたりましては、各認定校の諸先生方をはじめ、資料提供いただいた企業・法人、出版社の方々に厚く御礼申し上げる次第です。

2017年12月

公益社団法人　商業施設技術団体連合会
元副会長　　**白石　和資**

『店舗設計』を学ぶ背景 & 本書の構成・使い方

■ 店舗設計の教科書はなぜ無いのだろう…

　このテキストを作成するきっかけになったのは、そんな疑問からでした。
　住宅、公共建築、都市計画、建築の歴史、最近はリノベーションなど、建築に関わる教科書や実用書、ムック本、雑誌は山ほど出版されています。
　しかし「店舗の設計手法」がわかりやすくまとめられている書籍はほとんど無いことに気がつきます。
　そして「店舗設計」をトータルに基礎から教えてくれる学校も数少ないようです。

■「プロセス」「スピード」「現場優先」

「プロセス」
　設計に至るまでのプロセスは、言わば建築設計というよりも、ビジュアルデザインの領域に近いといえます。
　建築や住宅設計の多くが、平面計画からのプロセスであることに対して、店舗設計の場合はその店の顔である入り口（ファサードとも呼ばれる）や店舗内部のシーンをそれぞれ描きながら設計するというプロセスが多いと言えるからです。
　例）店舗出入口〜内部の使用シーンを思い描きながらスケッチ〜寸法確定〜設計図
　特に出入口であるファサード面（正面）は、パースやイメージスケッチを何枚も描いて検討します。季節ごとのイベントを行う店舗であれば、そのシーンもそれぞれ検討するためにも描いたほうが良いでしょう。この点だけでも、暮らしを形にする住宅設計と店舗設計とでは大きく設計に至るまでのプロセスが異なります。そしてそのプロセスは飲食店、物販店などによっても全く異なってきます。

「スピード」
　店舗設計は住宅設計や公共建築と比較すると、ありえないほどの速度を要求されることが多いです。オープンまでに必ず間に合わせなくてはならない点や賃貸物件の場合は賃料が発生する点などの理由があります。リニューアルや改装であれば、せっかくの固定客が離れてしまうリスクを回避したいということもあるでしょうから、なおさらスピードが要求されます。
　また、流行や時代に対する時期というものも店舗には大きく影響されます。今出すべき店舗と来年出すべき店舗ではコンセプトもデザインも扱う商品も変わってしまうことがあるからです。
　設計手法はもちろん、材料や什器などもどんどん変化します。

「現場優先」
　店舗設計は他の建築設計と比べて大きく異なって現場優先であることが多く、大型商業施設はともかく、コンパクトな店舗設計や店舗改装ならば、図面よりスケッチで現場合わせしつつ変えていくことが多いのが現状です。
　明日のオープンに絶対に間に合わせなければならない！　という物理的な理由もありますが、店舗という非日常の空間を創り出すからかもしれません。そのための資料がとても少ない。デザインの方向性を決めるコンセプトスケッチや、元々の設計図はあったとしても、そのとおりに施工

されず、オープンしたときは図面と違うものになっていることもありえます。完成図面が資料として極端に少ないのです。
　上記のような理由により、書籍化したとしても短い期間で古い内容になりがちで、長く読み継がれる一冊には至らないことが多かったといえるでしょう。

■だからこそ必要。店舗設計の教科書

　では、店舗設計を学ぶには何から始めればよいのだろう？　資料も少ない、テキストも無い。何をどうやって進めていけば良いのだろう？　まず、やったことがない領域に取り組むときはみんな不安になります。しかしそんな不安は実は自分だけではなくて、ベテランの店舗設計の方も含めみんな不安なのです。色々なことを模索しながら、沢山のスケッチを書いたり、これまでの事例を見たり、オーナーと意見交換を重ねたり、スピードと現場優先に翻弄されつつも「いい店舗を作ろう」という気持ちで取り組んでいるのが実情なのです。だからこそ、店舗設計について1冊にまとめられたテキスト書にする必要を感じました。
　今後ますますネットショップが主流になると思える状況で、固定店舗としてはどのような場を提供して行けば良いでしょうか？　それは「物を販売する提供する」ということだけでなく「楽しみに行く」という、その店舗に行く行為そのものに価値があるような店舗設計を行う必要があります。

■本書の構成と使い方

　本書では、構成をカテゴリー別に分けており、どこから読んでもわかりやすく、どの項目からも無理なく学んでいくことができるよう、一つひとつ短めにページを構成しています。そのため和菓子屋の設計をしたいとか、薬局を設計するなら、という具合でそのページのみ参考にできるようにしています。そして「単なる店の紹介」にならないようにしています。「設計経過が見える」ように、できるだけ途中経過のわかるものとして、ゾーニング図やスケッチ、イメージ図も取り入れたものとしています。
　もちろん店舗デザインもほかのデザインと同様、「正解」はありえません。ここに紹介しているものは、あくまでもその店舗を設計デザインした時期での最良の設計を掲載しているわけであり、今これらの店舗を再設計したら、全く別の設計になる可能性もありえます。
　本書で吸収してほしい部分は「計画の答えを出すまでの経緯」です。
　どのように設計者が考え、紆余曲折しながらもひとつの答えにたどり着いたのか。
　そして自分だったらどんな設計をするだろうか。
　そんな視点で見てほしいと思います。また、設計するときに見るだけでなく、普段から読み物として眺めているだけでも、他のことへのアイデア出しとして参考になるでしょう。
　店舗設計する際の基本を押さえつつ、オリジナルデザインへのステップとして、設計のよきサポーター的な教本になるはずです。本書を使用してじっくりと店舗設計を学んでください。

※なお、本書で挙げたCase Study事例の店舗は、本書発行時点で実在しない場合もあることを、あらかじめご了承ください。

目次

1編 商業施設の役割―企画・設計とマーケティングの基礎知識

- 1章 商業施設と顧客との関わり ……………………………………………… 002
- 2章 商業施設計画とマーケティング ………………………………………… 004
- 3章 商業施設の企画・設計 …………………………………………………… 007

2編 商業施設の分類―業種・業態

- 1章 歴史的な「商い」の始まりと、これから ……………………………… 012
- 2章 業種・業態の意味と分類 ………………………………………………… 016

3編 商業施設(店舗)の構想立案

- 1章 立地条件とマーケットリサーチ ………………………………………… 020
- 2章 商圏やマーケット、ターゲットの想定・創造 ………………………… 022
- 3章 商業施設のプランニング ………………………………………………… 024

4編 商業施設(店舗)設計のアプローチと設計例

- 1章 物品販売業態の店舗設計 ………………………………………………… 028
  - 店舗設計上のチェックポイント …………………………………………… 028
  - ロゴデザインとサイン計画 ………………………………………………… 034

業種別店舗設計事例（Case Study）
  1 ブランドショップ ……………………………………………………… *036*
  2 アパレルショップ ……………………………………………………… *042*
  3 ブティック ……………………………………………………………… *048*
  4 生活雑貨ショップ（ライフスタイル提案型ショップ） ……………… *054*
  5 書店 ……………………………………………………………………… *060*
  6 DIYインテリアショップ ……………………………………………… *066*
  7 薬局 ……………………………………………………………………… *072*
  8 ベーカリー＆カフェ …………………………………………………… *078*
  9 和菓子店 ………………………………………………………………… *084*
  10 洋菓子店 ………………………………………………………………… *090*
  11 フラワーショップ ……………………………………………………… *096*
  12 コンビニエンスストア ………………………………………………… *102*

2章　飲食サービス業態の店舗設計 …………………………………… *106*
店舗設計上のチェックポイント …………………………………………… *106*
ロゴデザインとサイン計画 ………………………………………………… *114*
業種別店舗設計事例（Case Study）
  1 イタリアンレストラン ………………………………………………… *116*
  2 ビンテージカフェ＆ダイニング ……………………………………… *122*
  3 セルフサービス型コーヒーショップ ………………………………… *128*
  4 和食レストラン①　和食ダイニング ………………………………… *134*
  5 和食レストラン②　ワインと和食の店 ……………………………… *138*
  6 ビアパブ ………………………………………………………………… *144*
  7 焼肉店 …………………………………………………………………… *150*
  8 寿司店 …………………………………………………………………… *156*

3章　各種サービス業態の店舗設計 …………………………………… *161*
理容店の店舗設計上のチェックポイント ………………………………… *161*
美容院の店舗設計上のチェックポイント ………………………………… *163*
業種別店舗設計事例（Case Study）
  1 スキンケアサロン ……………………………………………………… *166*
  2 サウナ・デイスパ（都市型温浴施設） ……………………………… *172*
  3 レセプション・ショールーム ………………………………………… *178*

5編 店舗の企画・設計の進め方

- 1章 スタートアップ ……………………………………………………… 186
- 2章 商圏・市場調査 ……………………………………………………… 187
- 3章 調査報告とプレゼンテーション …………………………………… 189
- 4章 設計着手 ……………………………………………………………… 191
- 5章 見積り検討 …………………………………………………………… 192
- 6章 施工・設計監理 ……………………………………………………… 193
- 7章 発注者への引き渡しと確認作業 …………………………………… 194

6編 付帯設備と関連法規

- 1章 商業施設のユニバーサルデザイン ………………………………… 196
- 2章 商業施設一般に関する法規 ………………………………………… 202

商業施設士補になるには ……………………………………………………… 206
商業施設士になるには ………………………………………………………… 207
参考図書 ………………………………………………………………………… 209

1 編

商業施設の役割
―企画・設計とマーケティングの基礎知識

1.1章　商業施設と顧客との関わり

本書は、商業施設設計の企画・デザインについての知識や技術を体系的にまとめたテキストである。1.1章では、そもそも商業施設とは何であるのか、その役割やあり方を理解した上で、商業施設と顧客との関わりについて考えてみよう。

1.1.1　「商業施設って、何だろう？」──顧客満足をつくり出す場所

◎　商業施設は、単に商品やサービスを提供するだけの場所ではない

　我々の誰もが知っているように、商業施設は顧客に対して、生活に必要なものやサービスを提供する場所である。品質を保証する商品をそろえ、専門的なサービスの提供を行い顧客の利便性に貢献することは、商業施設が果たすべき役割である。しかし、商品やサービスを提供するだけではなく、顧客に施設内で買い物を楽しんでいただき、充足感や快適性などを感じていただくことも、商業施設の重要な役割であると言える。その結果として、顧客の再来やリピーターの増加につながるわけである。顧客が感じる充足感や快適、その施設の付加価値や「顧客満足」にもつながるわけであるが、それらは一人一人の顧客によって感じ方や捉え方が異なり、1つの物差しでは測れないものである。

1.1.2　「顧客満足」は顧客の数だけある

◎　ある時には日常から解放される場所、ある時には友達との語らいの場所……

　では、「顧客満足」をつくり出す商業施設の付加価値にはどのようなモノやコトがあるのだろうか。自分自身が顧客になって考えれば、自ずとその答えは出るはずで、10人いれば10通りの答えがあるはずだ。ある時には日常生活から解放される場所やリラックスできる場所、友達との語らいを楽しむ場所、家族との絆を深める場所、さまざまな情報を収集する場所など、数限りない。また、その時の気分や天候、利用する時間帯によって来店目的は異なるわけであるから、施設に求める付加価値も異なるはずだ。

　例えば、ショッピングセンターのような複合商業施設の場合、友達との語らいを楽しみに来店するときは、おいしいランチを提供する飲食サービスの店があることはもちろんのこと、食後にゆっ

くりと寛げるラウンジスペースがあることが、その時の付加価値となる。また、日常生活から解放されたいと思うときには、ふだん目にすることのない海外のマーケットを模したイベントやBGMによって、一時夢の世界に浸り、日常生活を忘れることができる。したがって、イベントやBGMなどの施設の装置によってつくり出される空間や時間も付加価値・「顧客満足」となることを忘れてはならない。

1.1.3 商業施設は顧客の「小さな夢」を実現する場所

◎ たとえ顧客の「小さな夢」であっても、実現のために心を砕こう

以上を踏まえると、商業施設は買い物だけでなくさまざまな目的を持って来店される顧客の期待に応え、顧客が望む付加価値を提供しなければならないのである。

「ゆっくりと寛ぎたい」、「日常生活から解放されたい」などのように、顧客が抱く「小さな夢」を実現するため、商業施設関係者や企画・計画に携わるデザイナーは常に心を砕いている。

1.2章　商業施設計画とマーケティング

1.2章では、商業施設の付加価値や「顧客満足」は誰が決めるものなのか、また商業施設計画を行う際に欠かせないマーケティングのあり方について知ってもらいたい。

1.2.1　顧客に寄り添うことの大切さ

◎　商業施設の付加価値・「顧客満足」は誰が決めるのか

　商業施設の付加価値、すなわち顧客が感じられる「顧客満足」は、施設が決めるものなのだろうか。「充足感」や「快適性」、「接客サービスがよい」、「付帯設備が充実している」など例を挙げればきりがないが、施設を利用される顧客一人一人が感じるものではなかろうか。

　商業施設の付加価値とは施設側が押し付けるものではなく、利用される顧客が決めるものなのである。そうであるならば、商業施設は常に顧客に寄り添い、声に耳を傾け、どのようなモノやコトを施設という空間に期待されているのかを知る必要があると言えるだろう。

1.2.2　「顧客目線」で商業施設を見てみよう

◎　自分も利用したくなる店を目指して

　では、「顧客満足」が得られる商業施設計画を行うためには、どのようにしたらよいだろうか。簡単なようで難しいことであるが、事業主や経営者の立場や目線ではなく、顧客の目線で施設を捉え、考えるということである。

　さらに言えば、「自分もその施設を利用したいと思うかどうか」である。事業主や経営者側が考える商業施設は施設や商品・サービスへの思い入れが強いせいか、よかれと思って計画した点や事柄が独善的、あるいは一方的で、顧客が考える施設イメージとかけ離れた内容であることが往々にしてある。

　昨今、「顧客目線」というフレーズを耳にすることも多いが、事業主が考える施設イメージを想定しながらも、それを具現化させる立場の商業施設士・デザイナーは、「顧客目線」で施設計画や事業主への助言を行うことが大切である。

1.2.3 商業施設計画とマーケティング

◎ マーケティングとは

　メーカーや商業を含む流通業界や、金融・不動産など、業界の垣根を越えたビジネスの場面で、市場・販路・集客力の拡大などの経営戦略や、新たな商品やサービスの商品戦略として、マーケティングの考え方や手法は用いられている。業界人でなくとも、一度はマーケティングという言葉を耳にしたことがあるはずだ。

　マーケティングの歴史は比較的新しく、その考え方や手法については、現在でもさまざまな解釈や新たな提案がされているが、20世紀に入り、米国におけるメーカーの商業者的活動をマーケティングと呼ぶようになった。米国生まれのその用語や考え方、手法などがわが国に導入されたのは1955年であり、各業界に定着するようになったのは1960年代以降のことである。特に、1985年のAMA（アメリカ・マーケティング協会）によるマーケティングの定義は、考え方や手法の理解のベースとなっているので、紹介しておこう。

①アメリカ・マーケティング協会によるマーケティングの定義

　「個人と法人が、それぞれの目的を実現するのに必要な交換を創造するため、アイデア・商品・サービスについて、発想・価格・促進・流通の4つの活動を計画・実行すること。」（1985年）

　また、上記の定義は、1975年、E.J.マッカーシーがマーケティング戦略として提唱した「4P論」に対応するものと考えられるので、4Pの構成要素も紹介しておこう。

②E.J.マッカーシーによって提唱されたマーケティング戦略の「4P論」（1975年）による4つの要素
　・Product：製品戦略（商業の場合は商品戦略）
　・Price：価格戦略
　・Promotion：促進（販売促進活動）
　・Place：流通戦略

◎ 商業施設計画のマーケティングの目的は「売れる店づくり」・「顧客満足を創出する店づくり」

　実際のマーケティングには、以上の4Pの戦略以外の事柄も関係する。商業施設計画の場合、「デザインがかっこよい施設」、「誰もが利用したくなる施設」、「雰囲気のよい施設」など、さまざまな目的を想定するが、究極は「繁盛する店をつくること」や「顧客満足を創出する店をつくること」に他ならない。

　したがって、商品やサービスを中心として、顧客と売り場スタッフが関わり合う舞台としての空間構成のあり方を考え合わせると、4Pの戦略は欠かせない要素と言える。

　しかし、商業施設は流動的な場所でもあるので、4Pにのみ縛られることなく、その時のプロジェクトやテーマに合わせて、戦略項目を決めていくとよいだろう。

◎ 商業施設計画のマーケティングは、考えた時から始まっている

　「売れる店をつくる」ため、商業施設計画を行う際には、マーケティングから始めなくてはならないと気負いがちになるものであるが、実際には、店づくりについて考え始めた時からマーケティングは行われているのである。

　マーケティングに必要な4Pの戦略や、ビジネス業界一般で多用されている企画立案のための要素「6W2H（when・where・who・whom・what・why・how・how much＝いつ・どこで・誰が・誰に・何を・何故・どのように・いくらで）」

などについてピックアップする以前に、「売れる店や集客力のある店、顧客満足を創出する店をつくるためにはどうしたらよいだろうか」と考えること自体もマーケティングの一環なのである。

◎　マーケティングは、「市場機会を探し続ける」こと

　マーケティングを英語表記にすると、"market＋ing"となる。"ing"は現在進行形であるので、直訳すれば「市場をつくり続ける」、「市場（売れる）機会を探し続ける」ということになるだろう。マーケティングには、「このようにしなければならない」という絶対的な原則はないので、商業施設計画の場合は、施設の立地や環境、事業者の経営理念、商品・サービス、顧客ターゲットなどに合った企画立案を行い、マーケティング戦略を実施することが重要である。

◎　マーケティングは、商業施設とともにあるべき

　マーケティングは、商業施設の計画をするときだけ行えばよいのだろうか。この章で述べてきたことを踏まえると、そうではないことがわかる。商業施設には多くの商品やサービスが集められ、顧客の視線を集めるべく陳列、展開される。商品展開のペースは季節や月ごと、あるいは週ごとに組み換えられ、それらを目当てに来店する顧客も多く、その来店動向も常に変化している。

　したがって、マーケティングは商業施設計画のときだけでなく、施設運営にも欠かせない活動でもある。

◎　日々の施設運営と未来予想図をイメージしよう

　施設という舞台は同じであっても、そこで繰り広げられるドラマは常に変わるため、施設事業者・運営者は、よりよい商品・サービスの提供や施設づくりのために、マーケティングとともにあるべきである。

　最初に商業施設の計画を行う際は、開業当初や日々の施設運営を念頭に置くことが重要であるが、5年、10年先を見据え、時間の経過とともに変わりゆく施設のあり方（未来予想図）もイメージしながら、進めていく必要がある。

1.3章 商業施設の企画・設計

1.3章では、商業施設の企画・設計を行う際の事業主の役割、そして事業主が考える商業施設の企画を形にしていくデザイナーの業務やあり方について知ってもらいたい。

1.3.1 商業施設の企画

◎ 事業主・経営者の施設への想いを企画にしよう

商業施設の企画では、まず事業主・経営者が主体的に施設の方向性について決めていくが、そのような企画会議の場面にデザイナーが加わる場合は、事業主・経営者にその商業施設への想いを語ってもらうことから始めるとよいだろう。その想いの中には、必ず企画の柱となるコンセプトや商品・サービスにつながるものがあるからだ。商業施設の企画は、業態（どのような売り方をする店か、販売方法や経営方法で見ること）や施設規模などによって項目や順序に差があるが、以下は単独立地個店の企画の流れであるので、参照してもらいたい。

右の企画イメージは、企画業務の流れをまとめたものであるが、あくまでも目安で、順序が入れ替わることもあれば、いくつかの業務を同時に行う場合もある。往々にしてあるのは、企画段階でマーケティングやマーチャンダイジングを行う中で、施設コンセプトの方向性や内容がずれてしまうことである。そのまま施設計画に移ることは避けたいので、企画の最後に施設コンセプトを見直し、忘れずに最終確認をしよう。

―― 商業施設の企画の流れ ――

プロジェクト・テーマの検討
（何についてのプロジェクトか、施設名の確認）
↓
施設イメージ・コンセプトの検討
（どのような施設であるか、どのような役割を果たすのか、施設の存在意義を明確にする）
↓
立地環境・開業時期の検討
↓
マーケティング
（消費動向・市場調査、立地環境・競合環境などの調査を含む）
↓
顧客ターゲットの検討
（施設の顧客層をイメージする）
↓
マーチャンダイジング
（商品・サービスの構成や詳細を計画する）
↓
事業化・組織化の検討
（商業経営面からの採算性を踏まえ、事業化の検討を行う）
↓
施設コンセプトの決定
（最初に行ったコンセプトでよいか、ずれていないか最終確認をする）
↓
商業施設計画へ

1.3.2 商業施設の計画

　商業施設の企画が固まれば、いよいよ計画に入る。計画の流れについては、対象とする施設の業態や立地、施設規模、マーチャンダイジングプランによって、計画項目の種類や順序などに差が生じることを確認しておきたい。以下は、単独立地個店の施設計画の流れである。

―― 商業施設の計画の流れ ――

施設コンセプトの確認
（企画段階で決定した施設コンセプトの再確認をする）

ここで、しっかりと施設づくりの方向性を定めておく

マーチャンダイジングプランとその確認
（企画段階のマーチャンダイジングプランの確認と変更点との擦り合わせを行い、詳細について検討する）

提供する商品・サービスの構成やアイテム・デザインなどの詳細を明確にしておく

対象施設の建築・構造の確認

動線計画
（施設内で顧客にどのように回遊していただくか、客動線をイメージしておく）

外装デザイン

内装デザイン

平面計画
（動線計画を平面計画に反映させる）

設備計画

施設のC.I.計画
（C.I.は施設コンセプトを表現するものである。ロゴマークなどデザインを決定する）

施設の運営・管理計画
（施設づくりのスケジュールや運営・管理体制計画、建築計画、収支計画、販促計画など）

VMD計画（施設における商品展示・ディスプレイ計画）
（施設開業時や開業後、販売促進活動の一環として行う。直接、顧客の視線に働きかけるので、開業時を含め、年間スケジュールを立案しておくとよい）

1.3.3　商業施設づくりのプロとしての自覚を持とう

◎　幅広い知識や技術を身につけよう

　商業施設の企画・設計、それぞれの段階を通して、店舗デザイナーや商業施設士の出番は多々あることを忘れてはならない。施設の設計やデザインはもちろんのこと、商品やサービス、経営や販売促進など、幅広い知識と技術を持つ専門家として、あらゆる場面で事業者・経営者への助言やアドバイスを求められるからである。「この人に頼めば、安心して、店づくりを任せられる」と事業者から思ってもらえるように、店づくりについての幅広い知識や技術を身につけよう。

◎　店舗デザイナーは演出家

　商業や商業施設の業界では、店を演劇の舞台に例えることがある。「顧客が主役となってドラマを演じるために、販売スタッフは脇役となってサポートする役目に回るべきである」という主旨のものである。

　一方で、「顧客は観客である」という説もあるが、顧客自身が舞台の主役であるからこそ、ドラマをつくり出す臨場感や楽しさを味わうことができるのであるから、顧客が来店することで商業施設は完成すると考えよう。

　そこで重要であるのは、舞台の演出家としての店舗デザイナーの役目である。最高の舞台にするか否かは、演出家の腕にかかっていると言ってよい。舞台にはさまざまな大道具・小道具としての装備や設備、内装デザインはあるものの、主役や脇役の俳優たちがいなければドラマは成り立たないのである。細かな点にも気を配り、最高の舞台となる店をつくろう。

2編

商業施設の分類
——業種・業態

2.1章　歴史的な「商い」の始まりと、これから

2.1.1　わが国の商業の歴史

◎　「流通・商業」発展の流れ

　消費者にとっての商業とは、「人々が市場や店舗などの"場"において、生活に必要な"物資"（商品・サービス）と貨幣の交換（取引）を行うこと」と考えることができる。「市場」と「商品」、そして「貨幣」に代表されるように、商業がなかった時代には、人々はどのように生活必需品を手に入れ、またどのようにくらしを営んでいたのだろうか。「メーカー」や「商業者」などの流通のしくみが整っていなかった時代には、自分の生活に必要なものは自分でつくり、収穫するという「自給自足」の生活を送っていたはずだ。

　右頁に、商業が成立するまでと、それ以降の商業・流通の発展の流れを示した。

◎　市場の発生と市場商業の発達

　市場の発生の時代については定かではないが、かなり早くから存在していたと考えられている。歴史の教科書にも登場する「魏志倭人伝」（3世紀末）は、当時の倭人（日本人）の習俗や地理について書かれた歴史書であるが、その中で、すでに国々に市が存在していたという記述がある。3世紀頃の倭国（日本）といえば、邪馬台国に卑弥呼がいた時代である。時代は下って、奈良時代の平城京には官営の「東市」と「西市」が置かれるようになり（8世紀初め）、人々の交流や物資の流通が盛んに行われていたことは有名である。

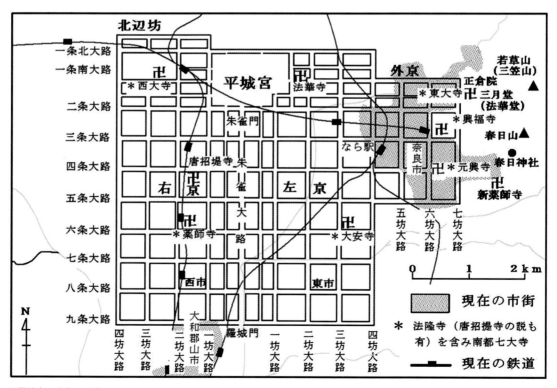

▲平城京　東市・西市

―― 「商業・流通」発展の流れ ――
自給自足
↓
物々交換
↓
市場の発生
（余剰生産物の交換の場）
↓
貨幣を媒介とした取引
（「市場」・「商品」・「貨幣」が揃う▶▶商業の始まり）
↓
行商の発生と行商圏の拡大
↓
卸売業の成立による物流の進展
↓
店舗小売業の発達と多様化
↓
商業の近代化と商業政策
↓
「まちづくり」の視点から商業を捉える時代
↓
流通業界テクノロジーの進化と業態のライフサイクルの加速化

▲平安時代の油売り

業者）や、売るために生産する者（生産者）も現れるようになった。市は各地で開かれ、定期化し、各地の市を巡りながら仕入れと販売を繰り返す行商人（旅商）の活躍により、行商圏は拡大していった。そして、遠隔地間の物資流通を媒介する行商人が、卸売業者の母体となった。

◎　貨幣を媒介とした取引

奈良の都の平城京に官営の市が開かれていた時期に、わが国初の金属貨幣「和同開珎」が鋳造された（708年）ことは画期的なことであり、「市場」、「商品」、「貨幣」の3つがそろったこの時期が、わが国の商業の始まりとも言える。それ以前の市場では、誰もが共通の価値を見出すことのできる布や穀物、砂金などの品物を物品貨幣として使用していた。

▲和同開珎

◎　卸売業の成立による物流の進展

遠隔地間の物資流通が盛んになると、誰もがその流通を独占しようと争うようになったが、物資の取り扱い数や流通の規模が大きくなるにつれ、店を構える商人や限られた範囲内で動く行商人と、これらの人々に商品を供給する卸売商人の社会的分業がなされた。卸売商人は遠隔地間の流通に欠かせない馬や船などの輸送手段を持ち、物的流通の発展に貢献した。平安時代後期より、年貢米の陸揚地である河川や港には、年貢米の運送や保管、委託販売業務を行う「問丸」という組織が置かれるようになったが、後に、陸上輸送業に転じる者や、複数の問丸とともに独占的権利を持つ「座」のような組織を結成し、港湾の支配を行う者も現れた。このように、卸売業は生産と消費の間にある距離を埋めるため、さまざまな機能の拡大を行いながら進展していった。

◎　店舗小売業の発達と多様化

店舗小売業は、卸売業とは別の方向で発展を遂げた。各地に町ができ、人口集積が行われると、常設の市場が設けられるようになり、それらが常設の小売店舗へと変わっていったのである。戦国

▲江戸時代の呉服商の店先

時代につくられた城下町は、江戸時代に入りさらなる発展を遂げる。封建制度の下、領主である大名の城を中心に城下町がつくられ、多くの職人や商人が集められた。その結果、その地方に根づいた特産品の流通や工芸品など、ものづくりも盛んになり、地場産業とともに発展した。さまざまな分野にわたる店舗が増えたのも江戸期の小売業の特長で、今日まで商いを続ける老舗も少なくない。

◎ 商業の近代化と商業政策

　明治維新後のわが国の商業は、文明開化の波とともに、欧米から新しい業態や店づくりの技術や知識が導入された。特に注目すべきは、江戸期創業の老舗が百貨店へ業態転換を図り、日本の小売業の近代化を推し進めたことである。

　しかし、昭和時代に入ると、小売業界で一人勝ちとなった百貨店への反対運動も起こるようになり、戦前・戦後を通して、国は百貨店に対する商業政策を講じ、中小小売業者を保護したのである。

2.1.2　商業のこれから

◎ 「まちづくり」の視点から商業を捉える

　2.1.1節の内容を受け、近年の商業・小売業界について見ると、昭和30年代以降のスーパーマーケットやコンビニエンスストアを中心とする新たな業態の急成長により、小売業界において一人勝ちをしていた百貨店は、次第に勢いを弱めていっ

▲三越呉服店「日本橋本店新館」／1914年（大正3年）開店

た。新たな百貨店・大規模店のあり方が模索される中、2000年には、長く大型店の営業体制について規制を加えていた「大規模小売店舗法」（大店法）に代わり、出店先立地の環境保護の見地に立つ「大規模小売店舗立地法」（大店立地法）が施行された。このことは、大規模店を中心とする商業そのものが、人々のくらしや都市機能とどのように関わるべきか、「まちづくり」の視点から考えるべき時期であることを示唆している。

◎ 流通業界テクノロジーの進化と業態のライフサイクルの加速化

　現在の流通業界には、デジタルテクノロジーをはじめとする最新の技術が浸透しており、小売店舗の売り上げや在庫管理、受発注、メーカーや卸売業の物流システムなど、さまざまな分野の業務の効率化を図っている。これらの最新技術は、流通上で生じる人・時間・空間などのさまざまなロスの軽減に貢献している。在庫ロスや売り逃しロスを軽減し、「売れ筋」を早期に見極めることは、店舗運営に携わる人々の営業・経営方針の決定に大きな役割を果たしている。小売業界では、次々と新たな業態が誕生し、新風を巻き起こす一方で、そのライフサイクルも短くなりつつあり、先の読めない時代になっている。商業関係者は、流動的な業界の現状と常に向き合いながら、人々の生活に寄り添い、その生活をより豊かで便利なものにするように、さまざまな商品やサービスを提供していかなくてはならない。

2.2章　業種・業態の意味と分類

2.2.1　業種と業態

現在、我々の生活の周辺には、さまざまな種類の店があり、それらをすべて把握することは困難である。しかし、商業施設を区別する方法の「業種・業態」は、業界に広く浸透しているので、業種・業態がどのように違うのか、また2つの方法ができた理由についても理解を深めよう。

◎　業種とは

「何を売るか」（what to sell）、すなわち主要販売品目で商業施設を分類するのが業種分類である。例えば、鮮魚店や帽子店、眼鏡店などは業種店と見なすことができる。

◎　業態とは

「どのような売り方をするか」（how to sell）、すなわち販売方法や経営方法で商業施設を分類するのが業態分類である。例えば、業態店であるスーパーマーケットとコンビニエンスストアは食品を中心に品ぞろえする店であるが、食材としての食品を総合的に扱うスーパーマーケットに対して、すぐに食べることのできる食品（コンビニエンスフーズ）に特化したコンビニエンスストアでは営業形態が異なるのである。私たち消費者のライフスタイルや利用動機の変化、小売業界の競争激化が進む昨今、主要販売品目による業種分類では、商業施設の実態の把握が難しくなっている。

そこで有効なのが業態分類であり、コンビニエンスストアを例に挙げるならば、「24時間営業」、「セルフサービス」などのように、営業形態による業態分類のほうが実態に即しているのである。

2.2.2　物品販売業態の分類

物品販売業態の施設については数限りなくあるが、消費者の用途や利用目的、取り扱い用品の違いによって、以下のように大別することができる。

- 服飾用品業態：装飾性を主とする衣料品・靴・鞄・アクセサリー・その他の雑貨などを扱う商業施設
  （例：ブランドショップ、アパレルショップなど）
- 生活文化用品業態：宝石・時計・眼鏡・カメラ・書籍・スポーツ用品・家具・美術品・家電製品など、生活を豊かにする文化用品を中心に取り扱う商業施設
  （例：生活雑貨店、インテリアショップ、書店、スポーツ用品店など）
- 日用家庭用品業態：実用性を主とする衣料品・寝具・薬・化粧品・生花・日用雑貨・玩具・各種食料品・酒類・青果物・陶磁器・ガラス製品などを中心に扱う商業施設
  （例：薬局、フラワーショップなど）
- 加工食品業態：肉類・鮮魚・パン・和菓子・洋菓子・かまぼこなどの加工品・茶・海苔・米菓などの加工食品を扱う商業施設
  （例：ベーカリーショップ、洋菓子店など）
- 機器・原材料品業態：農耕用品・肥料・資料・燃料・建具・家庭用機器類・自動車・自転車などを中心に扱う商業施設
  （例：自転車販売店、DIY用品ショップなど）

2.2.3　飲食サービス業態の分類

飲食サービス業態についても、昨今では新業態が増えており、その種類も数多いが、物販と同様に、消費者の利用目的や提供されるサービスの違いによって、以下のように大別できる。

- 喫茶業態：飲み物が中心で、菓子やサンドウィッチなどの軽食も取り扱う業態
  （例：コーヒーショップ、甘味処など）
- 軽飲食業態：軽飲食を中心に日常の食生活に対応、気軽に利用可能な業態
  （例：そば店、ラーメン店、ハンバーガーショップなど）
- 飲酒業態：飲酒を主とする業態

（風俗営業許可を必要とする業態を除く）
- **料理飲食業態**：日常性が高い実用的な飲食と、嗜好性の高い飲食に対応する業態
（例：和食店、中華料理店、焼肉店、寿司店など）
- **遊興飲食業態**：飲酒を中心に、これに伴う接待サービスを提供する業態（風俗営業許可を要する）
（例：バー、キャバレー、ナイトクラブなど）

2.2.4　各種サービス業態の分類

飲食サービス業態と同様に、昨今、商品とさまざまなサービスを合わせて提供する商業施設も増えている。こちらについても、消費者の用途や利用目的、提供されるサービスの違いによって、以下のように大別される。

- **技術サービス業態**：多方面にわたる技術サービスの提供を中心とした業態
（例：美容室、理容室、リラクゼーション施設など）
- **情報サービス業態**：生活を取り巻くさまざまな情報サービスの提供を中心とした業態
（例：ネットカフェ、コミュニティカフェ、観光案内所など）
- **施設サービス業態**：施設が掲げるコンセプトやテーマに基づいて装備・演出された空間で利用客に施設サービスを提供する業態
（例：カラオケボックス、ゲームセンター、トレーニングジムなど）
- **金融サービス業態**：金融サービスの提供を中心とする業態
（例：銀行、保険サービス店などの施設）

▲ミラノ「ヴィットーリオ・エマヌエーレ2世のガッレリア」

2.2.5　複合商業施設業態の分類

　複合商業施設とは、ある一定のテーマやコンセプトに基づき、いくつかの店舗が同じ敷地や建物内に複合されている施設のことを指す。こちらについても、事業主体者や用途などの違いによって大別される。

- **総合商業施設**：その事業主体が、単一企業体の経営によるもの
（例：百貨店、ゼネラルマーチャンダイズストアなど）
- **集団商業施設業態**：その事業主体が、企業集団の経営によるもの
（例：ターミナルビル、地下街ショッピングセンター、飲食店ビル、雑居ビルなど）
- **その他の集団商業施設業態**：その事業主体が、公益法人や協同組合、公共企業体と、民間による第3セクター方式によるもの
（例：各都道府県を中心としたアンテナショップ、「道の駅」などの施設、地元商店街など）

3編

商業施設(店舗)の構想立案

3.1章　立地条件とマーケットリサーチ

　1編と2編では、商業や商業施設のあり方、商業施設の種類についての解説を行った。3編では、商業施設計画の構想立案の方法について解説したい。具体的には、構想立案の際に重要となる立地環境の調査と、施設の中心マーケットやターゲットの創造、そして施設コンセプトからデザインコンセプトの確立へと、実際の計画の流れに従って解説を行いたい。

■ 3.1.1　商業施設の立地を調査しよう

　商業施設の出店、および出店計画等のスケジュールが決まったら、商業施設の構想立案を行う。具体的には、どのような施設にするのか、そのコンセプトを明確にしていく作業であるが、最初に施設候補地の立地環境の調査からスタートする。

　ここで大切なことは、計画する立地が新たなマーケットをつくり出すことのできる場所であるか、事業主の経営方針や経営計画などと照らし合わせながらマーケットイメージを想定し、見極めることである。

■ 3.1.2　立地調査の項目

◎　商業立地と物件の検討

　まず、立地そのものの見方である。商業施設の立地は、自らの業種・業態に適した立地、すなわち「商業立地」としてふさわしい場所であるのか検討することが大切である。

　商業経営的には、人の流れの多い電車の駅付近、車の流れの多い道路沿いに立地を定めることが望ましいが、さまざまな角度から候補地を調査し、計画する商業施設のマーケット（市場）となり得るか、調査しなければならない。

①**店舗の状況調査**：自らの業種・業態を考え、想定する売り上げをつくり出すのに必要な売り場やバックヤード、駐車場等の付帯施設などを具備することのできる土地の面積が必要となる。

②**店舗の形**：商業施設としての利用に当たっては、店舗の形は正方形もしくは長方形であることが望ましい。長方形であっても、奥行きが長すぎるものや変形の土地は利用しづらい。

③**店舗と道路との関係**：店舗の土地と道路がどのように接しているか調査する。

　大規模施設の場合は、駐車場やサービスなどの搬入口を設置する必要があるので、二面以上道路と接していることが望ましい。

◎　商業立地を含む環境についての調査

　店舗そのものから視線を広げ、商業立地を含む自然環境や商業環境についての調査も重要である。環境が商業施設に与える影響もさることながら、一方で商業施設が立地環境に与える影響も多大であることを考える必要がある。

①**自然的地勢**：立地環境の気候風土、海・山・河川などと立地がどのように関わっているか、また丘陵地や盆地、土地の勾配など。

　この自然的地勢や環境が厳しい場所は、一般的に商業立地としては不利といわれているが、この環境条件が観光スポットになるなど、来街者が増え、商業立地として期待できる場合もある。

②**都市インフラなどの条件**：商業立地と鉄道・幹線道路などの交通、行政やビジネスなどの都市機能、工場、そして住宅地との関係。

　都市インフラが整備されている場所は、必然的に人口の集積や来街者の増加が考えられる。

③**土地利用計画**：用途地域の確認とともに、将来の土地利用計画について確認をしておく。5年、10年先の利用計画によって、商業立地の環境が大きく変わることも考えられる。

④**生活者の構成**：商業立地の周辺地域に住む生活者の構成調査であり、計画する商業施設の顧客

ターゲットともなる。世帯構成や年齢層、性別やライフスタイル（生活様式や趣味・嗜好）などを調査することができれば、調査結果を施設づくりやマーチャンダイジング（商品計画や商品構成を行うこと）に役立てることができる。

⑤ **競合店舗の有無**：施設規模によって調査範囲は異なるが、周辺に同業種・同業態の施設があるかないかを調査する。

競合店がある場合、どのような点で当該施設と競合するのかを明確にし、その点を施設計画や商品計画などに活かすことが大切である。

3.1.3 立地調査をまちづくりや地域の活性化に活かす

商業施設計画に伴う立地環境調査は、どのような施設をつくるべきか、そのコンセプト確立のために重要な役割を果たすが、一方で当該施設の出店が周辺環境に大きな影響を与えることも少なくない。

特に大規模施設の出店については、2000年6月、商業調整を中心とした大規模小売店舗法に代わり、環境調整を中心とした大規模小売店舗立地法が制定・公布され、現在に至っている。このことは、大規模施設の立地が周辺環境にどのような影響を与えるのか注目を集めていることの表れであり、国をはじめ地方やそこに住む地域住民も、大規模施設による地域の活性化やまちづくりに期待を寄せている。商業施設づくりに関わる我々は、その点を理解しながら、施設規模の大小に関わらず、立地に合った施設づくりをしなくてはならない。

3.2章　商圏やマーケット、ターゲットの想定・創造

3.2.1　商圏とその役割

　店舗や立地環境などについて調査が終了したら、その結果を参考にしながら、計画する商業施設の商圏（来客エリア）や中心とするマーケット、顧客ターゲットの想定を行う。これによって、次のステップである施設コンセプトやデザインコンセプトの形成へとつながっていくので、商圏の役割について確認しておこう。

――　商業施設のマーケットリサーチの流れ　――

立地環境の調査
（物件・周辺環境）
↓
商圏設定
（商圏規模の把握）
↓
マーケットの創造
（マーケティング対象を抽出）
↓
ターゲットの明確化
↓
施設コンセプト・施設イメージの確立

◎　商圏とは

　商圏とは、その商業施設の「来客エリア」の範囲を示す物差しとして、業界内では定着している。商圏の表し方については、施設を中心とした周辺地図上に、想定する商圏半径○kmの円を描き、その範囲を確認するのが一般的である。

◎　商圏の役割

　商圏の用語については、マーケティングの考え方がベースになっている。アメリカ・マーケティング協会（AMA）は、「マーケティング活動を行う単独または集団の機関が、財やサービスの販売や配達に際し、販売額と費用の両面から採算に合う範囲内に通常定められた地域である」と定義している。すなわち、商業施設側で、どの程度の範囲から集客できるか商圏設定を行うのである。商圏を事前に想定することで、施設づくりや商品計画・商品構成をスムーズに行うことができるが、それはあくまでも想定で、開業後の実態調査で商圏が変わることは多いに考えられる。したがって、施設側は想定した商圏を一定の目安として捉え、実際の顧客動向を見ながら施設運営や商品構成などの柔軟な対応をするべきであろう。

◎　商圏の規模と業種・業態

　商圏の規模については、小商圏、中商圏、大商圏が考えられ、業種・業態の違いや施設規模、商品構成、来店客の来店頻度などによって違いがある。

①**小商圏**：近隣商店街や近隣型ショッピングセンターの商圏規模の類型でもあり、毎日の生活に必要な食品や日用品などの「最寄品[*1]（もよりひん）」中心の商品構成である。住宅地から至近距離と想定できる商圏。徒歩10分、自転車で5分程度の距離で、来店頻度は週に数回、商圏の範囲は半径1〜3km程度、商圏人口は3,000人以下と想定できる。

②**中商圏**：小商圏をいくつか包括した地域型ショッピンセンターの商圏規模の類型でもあり、総合スーパー（GMS）やディスカウントストア、大型専門店、フードコートなどで構成される施

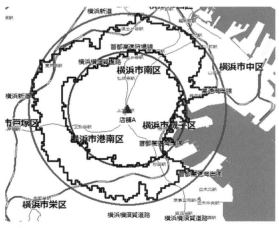

▲商圏図の一例

設をイメージ。利用客の来店頻度は月に数回程度、商圏の範囲は半径2、3〜6km、商圏人口は6〜9万人程度と想定できる。衣食住全般にわたる「最寄品」と、比較検討しながら購入をする「買回品*2（かいまわりひん）」による商品構成である。また、比較的スペースのある施設は、地域社会のコミュニケーションの場ともなっていることが多い。

③ **大商圏**：複数の中商圏を保有し、買回業態が中心、中に小商圏が点在する、都心にある百貨店や大型専門店などが核となった広域型ショッピングセンターの商圏規模の類型である。広い商圏を形成するため、利用客の来店頻度は3か月に1回、年に数回程度で、買回品や専門品*3中心の商品構成である。商圏の範囲は2、3〜15km、商圏人口は18万人以上と想定できる。

*1　最寄品：生鮮品や日用品など、日々消費し、購入することの多い生活必需品
*2　買回品：購入に際して、いくつかの店の商品と比較検討しながら決める商品
*3　専門品：購入に際して、専門的知識を必要とするような特定の分野の商品

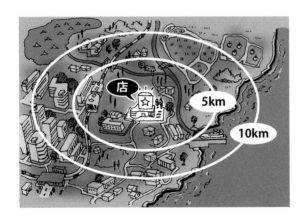

3.2.2　マーケットやターゲットの想定・創造

　計画する商業施設の立地調査や商圏設定などが終了したら、当該施設の対象とするマーケットや、その中心的な顧客層（ターゲット）を選定・イメージする作業を行う。そして、それらをベースに、施設コンセプトを確立し、商品計画・商品構成（マーチャンダイジング）を行い、さらなるマーケットやターゲットの創造や拡大につなげよう。

◎　**マーケットの創造**

　商業施設計画におけるマーケットとは、顧客層を中心とした商圏や商品、流通、販売促進など、当該施設のマーケティング活動の「対象」すべてを指すが、簡単には「売れる機会や場所」とでも言えるだろうか。商業施設のベースは商業であるので、自ずとその目的は「売れる」ということになる。マーケットの選定については、当該施設の商圏の中にある生活者のくらしや都市機能、観光資源、自然環境など、特長のあるものをいくつかキーワードで抽出、その中からマーケットの対象となるものを選定し、さらに掘り下げ、どのような点でマーケットとなるのかを明確にしていくことが大切である。

◎　**ターゲットの明確化と施設の役割**

　当該施設の商圏設定やマーケットの創造ができたら、その対象となる顧客層（ターゲット）を明確にしていくことが重要である。何故なら、次の段階である施設づくりや商品計画・商品構成（マーチャンダイジング）へと続くからである。ターゲットの明確化については、マーケットの創造の段階で考察したと思われる商圏内の生活者に視点を向け、その中で、当該施設の顧客層についてイメージし、中心的な世代や年齢層、家族構成、性別、ライフスタイルの方向性などの特長をピックアップしていくとよいだろう。その際に、ターゲットに対して当該施設は「何ができるのか」を明確にすることによって、施設が掲げるテーマやコンセプトの確立につなげることができる。

3.3章　商業施設のプランニング

3.3.1　施設づくり①―プランニングの流れ

　計画する施設の立地環境の調査、商圏設定、マーケットおよびターゲットの明確化という一連の作業が終了したら、いよいよ施設づくりに入る。最初に、当該施設が外に向けて何を発信していきたいのか、そのコンセプトづくりから始めよう。

（前章：「商業施設のマーケットリサーチの流れ」から続く）

　　　── 商業施設のプランニングの流れ ──

ターゲットの明確化

ターゲットの属性・ライフスタイル・嗜好性などの確認
（年齢層、家族構成、仕事、趣味、余暇活動など……）

ターゲットの理想のくらしを創造

当該施設がターゲットに対して提供することのできる商品・サービス・情報等のリストアップ

施設が果たすべき役割
施設の存在意義
施設が提供する商品・サービス・情報

施設コンセプトの確立

◎　ターゲットの属性・ライフスタイル・嗜好性などの確認

　上記の作業は、立地環境の調査の段階で、ある程度の目処がついているものである。ここでは、施設の中心的顧客層として、さらに深く調査しておきたいところである。日常生活やそのスタイルの中に、こだわりや理想の形を見出すことができれば、理想の形を施設にて具現化するなど、施設づくりに活かすことができる。

◎　施設が果たすべき役割―施設コンセプトの確立

　施設が来店者に対して提供する商品・サービス等が明確になったら、当該施設がそれらを提供することで、「来店者の生活をどのように豊かにできるか」などの、施設が果たす役割を明確にしておくことが大切である。それが、施設コンセプトの確立へとつながるからである。施設コンセプトは、広く一般に広報されるものである。したがって、関係者に限らず、一般の人が見て・読んですぐわかるような、平易な内容・表現であることが望ましい。

3.3.2　施設づくり②―施設デザインへ

　施設コンセプトが固まったら、それをベースに施設デザインに入る。まずは、施設が外に向けて何を訴えていきたいのか、施設全体のイメージについて考えてみよう。

◎　施設コンセプトからデザインイメージを引き出す

　コンセプトという1つの文章や言葉を視覚的に表現することは至難の業で、商業施設の構想立案の中で最も難しい作業である。一般的に、事業主体者は商業経営のプロであっても、建築・デザイ

ンについては門外漢の場合がほとんどであるので、商業施設の建築やデザイン作業は、外部の設計会社やデザイナーに委託することがほとんどである。では、自身がデザーナーと仮定した場合のデザイン作業の流れについて見てみよう。

―― 商業施設のデザインコンセプト提案
までの流れ ――
施設コンセプトについての情報収集
（社会情勢や立地環境の考察を踏まえながら、顧客に何を提供するか、施設の役割や存在意義に言及する）
「何故、当該施設はなくてはならないのか？」
↓
施設コンセプトをさらに掘り下げ、
いくつかのキーワードや言葉を探し出す
↓
キーワードや言葉からデザインイメージを創造する
↓
デザインイメージの要素を決定する
（デザインの方向性や様式、色彩、主要な
マテリアルなど）
↓
デザインイメージの要素がどのような効果や
役割を担っているか検討する
↓
デザインコンセプトの決定

◎ 施設コンセプトからキーワードを探し出す作業

　上記の作業の具体的な方法としては、施設コンセプトの中で使用されている言葉や内容から連想する情景やデザインなどを思い描くとよいだろう。施設コンセプトが、立地環境や歴史に触れた内容であるならば、それらについて詳しく調査し、その中からデザイン的要素を見つけ出すこともよい方法である。

◎ キーワードや言葉からデザインイメージを創造する

　前述のように、言葉からデザインイメージをつくり出すのは、難しい作業である。施設コンセプトから抽出されたキーワードの中にあるデザイン的要素を見逃さず、具現化していくとよいが、キーワードから派生する出来事や情景などを説明するのもよいだろう。

◎ デザインイメージの要素―デザインコンセプトの決定

　デザインコンセプトは、一読すれば、誰もが理解できるものであることが望ましい。デザインの方向性やスタイル、色彩、マテリアルなどを取り上げ、それらを用いることでどのような効果があるか、施設として何を伝えたいのか、まとめていくとよいだろう。

　施設のデザインコンセプトが決まれば、あとは具体的な施設計画や、外装・内装などの施設デザインの作業に入る。デザイン作業を進めていく中でよくあることは、時間の経過や作業の進行に伴い、デザインのみが一人歩きしてしまうことである。危険なのは、一人歩きしてしまった施設デザインが、施設コンセプトの目指すところから外れてしまうことである。事業主体者が考える施設のあり方と、目の前に展開される施設のあり方の方向性がずれてしまうことは避けたいものである。したがって、施設デザイン以降の段階にあっても、何度か基本に立ち返り、施設コンセプトを確認するとよいだろう。

　業種・業態別の施設デザインの方法については、4編以降を参考にしてほしい。

Note

4編

商業施設(店舗)設計の
アプローチと設計例

4.1章　物品販売業態の店舗設計

店舗設計上のチェックポイント

物販店のマーケティングのポジションを改めて述べるまでもないが、消費者の生活に密着し、商品を供給し、そして消費者に代わって商品を選択、仕入れを行い、それを店舗で披露し、同時に商品情報を伝え、購買意欲を喚起させ、購買行動に結び付けるフィールドこそがリアル店舗であり、売り場である。

◎　買い物客の来店行動の起因となる要素

①第一に、店舗の存在を認識させるための訴求機能が構成されているのか。それはいうまでもないが、ファサードが重要な鍵となる。そして入店する第一歩は、入りやすい構造になっているか。道路と店舗との高低をつくらないよう計画することは誘導に抵抗感をなくすことにつながる。次に、ショーウインドウが効果的なディスプレイ演出がつくられているか。それは誘導するためのアイストップになるからだ。

②第二は、ドアが開き、店内に入り、その店舗のイメージとして顧客に伝播してくるものは何か。それは店内空間がかもし出す雰囲気、天井、壁面空間、床面が、その店の店格やオリジナリティをつくり出す要素なので、計画に当たっては十分に検討すべき課題である。

③第三の課題は、第二の課題と同様に、買い物環境をより効果的にするために販売促進補助機能を司る照明計画、音響効果、空調にある店内の快適性などが、購買行動を起こすバックアップになる。

④第四の課題は、客導線である。ご存じの通り、社会構造は高齢化時代で、「スーパーマーケットのような大型店になると店内を100m以上も歩かされるので、疲れてしまう」という声を私達はよく耳にする。ある百貨店では、売り場の所々に椅子が設けられている。顧客は"ほっ"とする。こんなサービスエリアをデザイナーは考えなければならない。中小規模店や個性のある店舗は楽しく、気軽に回遊性ある客導線を構築することが求められている。

⑤「客用動線は長く、従業員動線は短く」。こんな言葉をよく聞く。理論上から考えれば動線が長くなることは、それだけ商品に触れることになる。すなわち、購買時点に結び付くわけであるから、必然的に売り上げに反映することが考えられる。

⑥店内を誘導するためには、バックアップの演出がなければならない。それはマグネットと呼ばれ、以下のようなものがある。
・第1に、店頭に吸引力のあるコーナーを設置。
・第2に、販売台のエンド台に新製品。
・第3に、側面売り場の中間点に動くPOP。
・第4に、奥のコーナーに特価品、廉売品。
・第5に、レジカウンターに低単価商品。

新製品、特価品、量感、季節感、回転台(自動式)、マネキンなど訴求力のある演出技法で集視感をつくることが店内回遊性を高めることにつながっていくことになる。

◎　店舗レイアウト(1)：売り場と他の施設の平均面積比率

一般的な物品販売店のバックヤード施設比率指標は、全体の総面積に対して約10〜30%ぐらいが妥当であるといわれているが、業種、業態や店舗のコンセプトによってもこの比率は大きく異なることを理解しておきたい。昨今のようなテナント出店の場合などは、バックヤードの比率が下がる傾向が強くなる。場合によっては、このスペー

●基本的な施設面積構成比率

業種業態	営業施設〔%〕	バックヤード施設〔%〕
アパレルショップ	80〜90	20〜10
バラエティーショップ	80〜90	20〜10
化粧品店・薬局	75〜85	25〜15
コンビニエンスストア	70〜80	30〜20
書店	80〜90	20〜10
酒店	50〜60	50〜40

スをとらないケースもある。すなわち、経営方針によって異なるので、これらのことを念頭に、プランニングを進めよう。

◎ 店舗レイアウト（2）：売り場構成の基本的なタイプ

売り場構成には、それぞれの業種・業態によって販売形態が異なる。例えば、食料品店と貴金属店では自ずからその販売方式が異なる。現在、採用されている売り場動線計画には、3つのタイプが基本形として用いられている。

①セルフサービス型

顧客が自由に商品を選び、売り場の出口、チェックアウトで精算する売り場構成である（大型店ではスーパーマーケット、コンビニエンスストア、各種食料品店、ブックストア、100円ストア、ディスカウントストア、アパレルなど）。

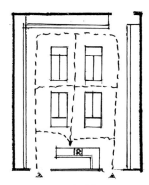
▲セルフサービス型

②セミセルフサービス型

対面販売を中心に形成しながらも、売り場の50〜60％をセルフサービスにしている形式である（和菓子店、土産品店、薬局、時計店、刃物店、眼鏡店、化粧品店など）。

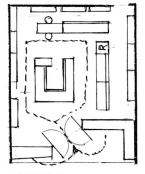
▲対面販売型

③対面販売型

売り場の90〜80％が陳列、ショーケースやカウンターによって構成され、常に販売員が対面に位置し、商品の説明をし、時にはカウンセリングなどをしながら対面で販売をする形態である（百貨店、宝石店、洋菓子店、精肉店、貴金属店、チケット販売店など）。

◎ 店舗レイアウト（3）
①客用通路の考え方

店内レイアウトを行う上で、売り場の動線計画は第一に着手する作業である。特に、物品販売業の平面計画に当たっては、店内売り場通路のレイアウトは大変に重要な課題である。買い物客のニーズに応えるように回遊性を高めるレイアウトが求められる。

よって、業種・業態ごとにゾーニングも変化するので、画一的な客導線計画ではないケースも生まれてくる。同時に、通路幅も自ずと変化することを十分理解しておくことが必要である。

● 店内通路の基本寸法

区分		中小規模店通路幅（mm）	百貨店スーパー通路幅（mm）
主通路	最小	800	1,600
	普通	900〜2,100	1,800〜3,600
	最大	3,600	4,500
副通路	最小	600	1,200
	普通	750〜1,500	1,500〜2,100
	最大	1,500	2,100

②店員用通路の考え方

店員用通路幅もまた、下表のような寸法が基準となるが、業種・業態や店側のコンセプトによって変化することを十分理解しておこう。

● 店員用通路の基本寸法

使用法	店員用通路幅（mm）
最小限1人の通路幅	400
普通小売店舗の常用通路幅	700前後
百貨店の常用通路幅	800前後
普通商品を持ち運ぶ通路	900前後

◎ 店舗レイアウト（4）
①売り場陳列（展示）機能

顧客が売り場通路に立って陳列棚・販売台やステージ、ゴンドラなどに接したとき、そのフェイスが見やすく、手にとりやすいようなしくみになっ

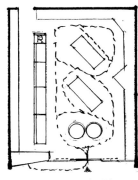
▲セミセルフサービス型

ているのか、それは陳列棚の機能に関わってくる。一方、その商品をより顧客に理解していただくためには、内容、容量、サイズ、プライスなど、POP広告かチラシなどで告知・訴求する補助機能が不可欠であることを忘れてはならない。

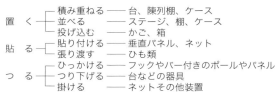
▲陳列機能分類

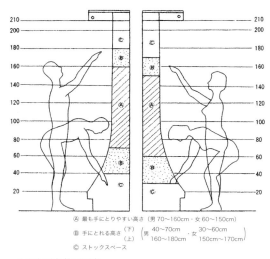
▲男女別有効展示高
Ⓐ 最も手にとりやすい高さ（男 70〜160cm・女 60〜150cm）
Ⓑ 手にとれる高さ（下）（男 40〜70cm・女 30〜60cm）
　　　　　　　　（上）（男 160〜180cm・女 150〜170cm）
Ⓒ ストックスペース

②陳列（展示）に求められる要素

❶陳列には安全・安心が求められる。商品が崩れたり什器が倒れるといった危険を感じさせない構造であること。

❷視野に入りやすく、選択が容易であること。見えない陳列は意味がない。見やすく、取りやすいことが買う側の第一条件である。

❸触ることが容易で、戻しやすいこと。触れることで商品の特性を知ると同時に食品などはその商品の風味がわかる。衣類なら生地ならば肌合いを知ることができる。

❹感性のあるディスプレイテクニック。フレッシュやクリーンなイメージは買い物客に好感度を与える。また、マグネットコーナーには新奇性のあるディスプレイを心がける。

❺情報を伝達する陳列。商品情報の提供、POP広告、プライスカード、チラシ、ポスターなど説得力アップに。それにより、商品と顧客との距離感をなくす効果が発揮される。

陳列技法原則は、「見る」「触る」「比較する」と覚えておきたい。

③陳列（展示）の有効機能の基準

陳列棚の奥行については、展示する商品によって異なるが、一般的には20〜45cm程度なのだが、アパレル系の店舗では60cm程度が基準となる。次図は男女別有効展示高であるが、Ⓐの部分は店側としては商品回転率が高いゾーンなので、ゴールドラインといわれている。

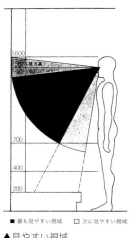
▲見やすい視域

右図は、見やすい視域を表した図であるが、置かれて手に取りやすい部分（ゴールドライン）と最も見やすい視域の部分は合致していることがわかる。米国のように客の身長が高い国は、日本人では手の届かないスペースに陳列をしているので、体形的に参考にはならない。

④商品陳列台およびショーケース（S.C）

陳列台には、多段式でも、スーパーマーケットでは例えば1.5m以上の高さの陳列台もあるが、中小規模店では1.5m以下が多い。ほかにディスプレイステージや、大量陳列をする場合などに用いられる平台や、ゴンドラなどがある。また、ショーケース、レジカウンター、包装台、相談用カウンターなどが一般的物販店で採用される。商品陳列台およびS.Cなどがある。最近は、ユニット棚なども多く用いられるようになった。

◎ 販売用什器の基本形状

売り場における販売什器も、業種・業態によって、その店舗のコンセプトに合わせ、形やサイズ

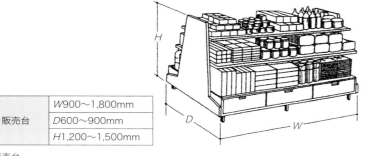

ショーケース	W900〜1,800mm
	D450〜600mm
	H900mm程度

▲ショーケース

販売台	W900〜1,800mm
	D600〜900mm
	H1,200〜1,500mm

▲販売台

▲標準タイプの試着室／オーダーメイドの場合には1,500mm以上が必要となる。ミラーなども、3面に設置することも考えられる。

を計画し、デザインをすることが多い。特にセルフサービス型の店舗は、什器メーカーの既製什器を採用することが多い。下図は基本的な形状を表したもので、ショーケースと販売台について基本的な寸法を挙げてある。ほかに、アパレルなどはディスプレイステージ（マネキンを飾る）などが考えられる。また、ハンガースタンドや、フィッティングルーム（試着室）も設けられる（図を参照）。

◎ **照明計画ABCD**

物品販売業態の照明計画の目的は、店舗施設の存在を明確にし、利用客に対し展示された商品を引き立たせ、見やすくすることにある。その照明計画の特長は以下の通りである。

①店頭および導入部分
- 通行客に際立つことを意識させ、同時に店内に入りやすい雰囲気にすることである。特にショーウインドウの照明は、店内の2〜3倍の照度が必要である。そのために補助照明を設置することもある。
- 店内の存在を明らかにし、印象的にすることである。

②売り場部分：売り場部分の照明は演色性が重視される。この部分はなるべく天然色の光に近い光を採用し、SDL形またはEDL形のものを用いる。
- 商品の魅力を強調すること。
- 商品が正しく見えるようにすること。
- 楽しい買い物の雰囲気をつくること。

◎ **客層性向と照明の傾向**

①ベース照明
店内の基準照明は必要なルクスを天井照明で確保するもので、この光が強くなると重点照明（局部照明）の効果が落ちてくることを考慮しておくこと。

●客層区分と照明の傾向

客層区分	照明の傾向
男性層	アクセントの強い直接照明
女性層	柔らかい間接照明。きらきら光る器のような光
若い層	明快で強烈なアクセントのある照明、一部では全体に照度の低いアクセントのある照明
年配者	静かな光、自然な光、刺激の少ない光

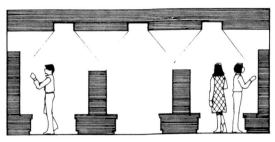
▲ベース照明

▲重点照明

▲装飾照明

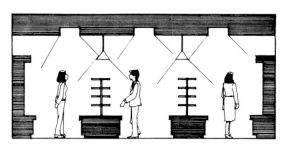
▲環境＋商品照明

● 商店、百貨店、その他の照度基準

照度（ルクス）	商品の一般共通事項	日用品店（雑貨食品など）	スーパーマーケット（セルフサービス）	大型店（デパート、量販店、割賦店など）	ファッション店（衣料、装身具、メガネ、時計など）	文化品店（家電、楽器、書籍など）	趣味レジャー店（カメラ、手芸、花、コレクションなど）	高級専門店（貴金属、衣装、芸術品など）	食堂 レストラン 軽飲食店
3,000				○飾窓の重点 ○デモンストレーション ○店内重点陳列					
2,000	○陳列の最重点	―	○特別陳列部		○飾窓の重点	○飾窓の重点 ○店頭の陳列		○飾窓の重点	―
1,500	―			○案内コーナー ○店内陳列			○ステージ商品の重点	○店内重点陳列	
1,000	○重点陳列部 ○レジスター ○エスカレーターなどの乗降口 ○包装台	○重点陳列	店内全般（都心の店）	重点階の全般 特売会場の全般 ○コンサルタントコーナー	重点陳列 ○デザインコーナー ○着装コーナー	店内陳列 ○コンサルタントコーナー テスト室 飾窓の全般	店内陳列の重点 ○モデル実演 飾窓の全般	○一般陳列	○サンプルケース
750	エレベーターホール エスカレーター	○重点部分 ○店頭	店内全般（郊外の店）	一般階の全般	○スペシャル部陳列 店内全般（スペシャル部を除く）	店内全般 ○ドラマチックな狙いの陳列 ○コンサルタントコーナー	店内一般陳列 ○スペシャル陳列 ○コンサルタントコーナー	○コンサルタントコーナー ○デザインコーナー ○着装コーナー	集会室、調理室 ○食卓 ○レジスター ○帳場 ○荷物受渡台
500	○一般陳列品 商談室	―		高層階の全般		店内全般	接客コーナー		
300	応接室	店内全般						店内全般	玄関、待合室、客室、洗面所、便所
200	洗面所、便所、階段、廊下				スペシャル部の全般	ドラマチック陳列部の全般	―		
150							スペシャル部の全般		
100	休憩室 店内全般最低						―		廊下、階段
75									

※主として人物に対する鉛直面照明とする。○印は局部照明によってこの照度を得てもよい。

②重点照明

主要な商品や主要な陳列スペースを照射して、買い物客への訴求力を強めるための照明。よって、ベース照明の3〜6倍の明るさが必要になる。

③装飾照明

この照明はムード効果、アピール効果を狙う照明で、雰囲気をつくるための見せる照明である。あくまでもこの照明はムード照明であることを覚えておいてほしい。

④環境＋商品照明

重点照明のように主要陳列商品を照らすのではなく、壁面や中央ゴンドラ（販売台）など一般陳列商品の上につり下げ、ペンダントや天井からのスポット照明で売り場を直接照らす照明である。

現在は、昭和30〜40年代のような大量生産、大量販売の時代は終焉し、消費者の買い物志向にも大きな変化をもたらした。希求する消費者性向は、安心、安全、良質、良品、リーズナブルな価格など、モノに対する考え方が以前にも増して高度化し、利便性を求め、無駄をしない、無理をしない考え方が定着してきた。

スーパーマーケット「成城石井」の元社長石井良明氏の著書に、「1つの商品を販売するに当たって、その商品の産地に赴き、自分の足と目と味覚を信じて仕入れをする、日本をはじめ世界を歩き、確かな商品を店頭に並べる」とある。顧客は、値段は多少高くても味と安全を買う。だから、一般のスーパーマーケットとは品ぞろえが違う。この経営理念は現代の消費者志向と合致している。

商業施設をつくることは大事な要素ではあるが、その施設には商品がなければ死に体である。いかにその施設にふさわしいマーチャンダイジング（商品化政策）を図るかが重要だ。その両者が相まってこそ繁栄する商業施設であり、店舗デザイナーこそその役割を果たせるスペシャリストだといえる。

ロゴデザインとサイン計画

　魅力的なショップとして、ターゲットとする客層に好感・信頼感を持たれるためには、内外装、サイン、販促物など、ショップが発信するすべての視覚的なものについて統一的なイメージを発信しなくてはならない。マーク、ロゴタイプはその強力な核となるものである。

　訴求力のあるマーク、ロゴタイプ、色使いなどをどうデザインするかについては、まず有効なツールとして機能することが第一である。どのような客層にどのような商品を販売するのか、ショップが扱う商品のトータルイメージを視覚的に的確に表現する必要がある。ロゴタイプの場合は、読みやすいことも重要である。

　さらに加えて、クリエイティビティ、感性、美しさが要求されるものである。

ロゴデザインとサインの展開例

ハーツカネショウ

　古くから建築金物、資材などを扱い、プロに信頼の厚い金物店である。改装を機にプロだけでなく、一般の消費者にも客層を広げることとし、新たなイメージをつくり直したものである。

　マークは、もとの┐に庄の字の商標をモダン化したもので、これをさらに図形化して展開性を高めるもの（サブグラフィックエレメント）としても使用している。

▲マークとロゴタイプ

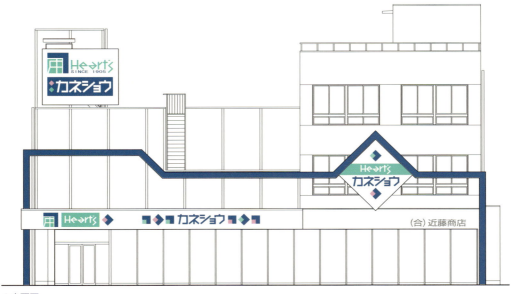
▲正方形をサブグラフィックエレメントとして展開

▲立面図

▲店内サイン（売場案内）

▲店内サイン（カウンター上ボーダー、レジ）

ロゴデザインの実例

▲和菓子

▲和菓子

▲酒・自然食品

▲ユニフォーム・作業服

▲金物・工具・建築資材

▲金物・工具・建築資材

Case Study 1
ブランドショップ

計画概要

計画類型：テナント出店型
所　在　地：東京都中央区銀座
竣　工　年：――
計画面積：約100m²

■ 経営と市場環境を知っておこう

　一口にブランドショップと言っても業態はさまざまで、国内ブランドメーカーの直営店や海外ブランドメーカーの店、仕入れ商品が中心のセレクトショップなど、さまざまな経営方法の店がある。また、出店計画や販売方法についても、専門店としてだけでなく、百貨店や中心店、総合スーパーの専用売り場や衣料品スーパーなど高級志向のものから大衆志向のものまでバラエティーに富んでいる。その背景として、ファッション・ブランド品を取り扱うこの分野の商品が、多くの人にとって身近な存在であり、老若男女を問わず誰もが必要とする商品であることが考えられる。そのようなファッション・ブランド品を取り扱う業界の最近の傾向としては、百貨店の衣料品売り場や専門店の売り上げが低調であるのに対し、衣料品スーパー（いわゆる、大型カジュアル衣料品店）が扱う「ファストファッションブランド」が好調であるようだ。

　今回計画するブランドショップは、海外アパレルメーカーの直営店であり、いわゆる高級ブランドの専門店と想定する。この店のコンセプトは、「テキスタイル出身のメーカーの強みを活かし、商品の素材のよさや色柄の美しさを、多くの女性に身につけていただくことで実感し、上質な日々を過ごしていただくことを狙いとするもの」である。百貨店や総合スーパーの衣料品売り場と同様に、このところ苦戦を強いられている業態であるが、立地によっては、ここ数年見られる海外からの観光ブームの好景気を受けている店舗もあるようだ。いずれにしても業界全体の動向とともに、ショップコンセプトについてしっかり把握しておくことが重要である。

■ 立地条件を考察しておこう

　計画予定の立地は大都市圏の中心部にあり、国内外から集客を図る店舗が集積するショッピングの街・東京都中央区銀座と仮定する。まちの中心を縦横に走るメインストリートには、老舗百貨店や国内外アパレルメーカーの旗艦店や直営店、工業製品メーカーのショールーム、新業態の大規模商業施設など、新旧さまざまな大型施設が軒を連ねている。当然のことながら、昨今の日本の観光人気によって、連日多くの観光客が訪れている。

　今回の計画予定地は、メインストリートほど繁華ではないものの、比較的小規模の古くからの老舗やブランドショップ、飲食店など、固定客の多い店が点在するショッピングストリートである並木通りに立地する商業ビルの1階（約100m²）と仮定する。

■ 計画に当たって施設機能構成を検討しよう

販売形式の確認

　物販店の販売形式は、大きくは対面販売形式、側面販売形式、セルフサービス形式の3つに分かれる。計画するアパレルショップは衣料品専門店であるので、来店客が自由に店内を回遊し、その中で購入する商品を探す側面販売形式をとる。販売形式を確認した上で、必要な施設機能をリストアップしよう。以下は、アパレルショップの施設構成例である。

施設構成例

①導入部分：アプローチ、ショップエントランス、ショーウィンドウ（ディスプレイスペース）
②接客部分（売り場）：商品ディスプレイスペース（壁面棚、アイランド型什器、ガラスケース）、サロンスペース、フィッティングルーム、接客カウンター
③商品管理部分（ストックルーム）
④一般管理部分（事務スペース）

■ 各部門のセクションとレイアウト

　当該施設に必要な施設機能をリストアップした後、すぐにレイアウトに移りたいところであるが、来店客の回遊性を重視する側面販売形式の物販店であるため、いくつかの手順を踏まなければならない。

客動線をイメージしよう

　　　　　　　　　　―「売り上げは客動線によって決まる」
　業態によって多少の違いはあるが、側面販売形式の店の動線計画は、来店客に店内を大きく回遊してもらうよう、複雑にせず、わかりやすく設定することが肝要である。何故なら、側面販売形式の店は、来店客に売り場を一巡し、すべての取扱商品を見ていただく中で購入希望の商品を見つけていただくからである。ゆえに、「売り上げは客動線によって決まる」と言っても過言ではない。以下に、計画するアパレルショップの客動線をイメージしてみた。

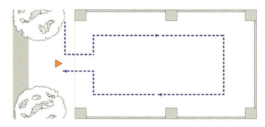

▲客動線図

客動線をベースに施設機能の配置（ゾーニング）をしよう

①ゾーニングの方法は業態によって多少の違いはあるが、まずは、導入部分から続く接客部分（売り場）を優先して配置しよう。
②基本的には、客動線をイメージしながら、すべての商品・すべての売り場を回遊していただけるよう配置する。計画するアパレルショップは高額商品が多いため、動線や什器配置にゆとりを持たせる。
③来店客が回遊される中で、目を引き、興味を持っていただけるような主要売り場（マグネット）をいくつか設置しよう。主要売り場があることで、次の売り場を探す目安にもなり、売り上げにつなげることができる。
④関連商品（例えば、ジャケットとスカーフ、ハンドバッグと革小物というように）の売り場を近くに配置するなど、その時々の販売促進計画によって、現場で配置換えが簡単にできるようフレキシブルなフォーマットづくりをすることも、商品の入れ替えが激しいアパレルショップでは考慮に入れておきたい。
⑤アパレルショップの主要商品は衣料品であるため、試着室（フィッティングルーム）が必要となる。来店客が商品を見ながらスムーズに移動できる場所に

配置しよう。また、試着は落ち着きを重視するため、導入部分近くの配置は避ける。100m²規模の店の場合、試着室担当のスタッフがつかないことが多いため、その場合はスタッフが常駐する接客カウンターから目の届く場所に配置するとよい。
⑥来店客に休憩していただきながら商品を勧めたり、会計処理をスムーズに行えるよう、サロンスペース（客席）を設置することが望ましい。
⑦導入部分と接客部分は来店客が利用される直接営業の機能であるのに対し、商品管理部分（ストックルーム）や一般管理部分（事務スペース）などは営業を支える間接営業の機能（バックヤード）であることも確認しておこう。
⑧バックヤードへの出入りは頻繁であるので、来店客の目につかぬよう、バックヤードとその出入り口は、導入部分より遠い場所に配置するよう心がけよう。

平面計画上のポイント

ショップコンセプトの確認が重要

①ゾーニングをベースに売り場機能配置をイメージしながら、平面計画を進めよう。この際、念頭に置かなければならないのが、ショップコンセプトである。計画するアパレルショップの場合、「上質なイタリアンファッションを身にまとう現代の女性が主役」であることを確認する。
②ショップコンセプトの確認ができたら、それを具現化するため、施設環境のイメージ（キーワード）をリストアップしていこう。計画するアパレルショップのコンセプトからは、「上質」「高級感」「シンプル」「スタイリッシュ」などのキーワードが想定された。
③いくつかのキーワードがイメージできたら、客動線図やゾーニング図などとすり合わせながら平面計画を行う。

反時計回りの客動線をイメージしたが、進行方向の左側を優位に認知する人間の性格を考慮し、回遊性を促すよう計画する。全体的にスタイリッシュで統一感を感じさせるデザインを意識しつつ、客動線を踏まえた上で、来店客の視線を集めるような主要売り場「マグネット」を適宜設ける。接客部分に配置する什器のデザインは、シンプルになるよう心がける。040頁の平面図上に、客動線➡「回遊」、主要売り場➡「マグネット」も表記したので、参照してもらいたい。

導入部分に関しては、店舗前の歩道の並木を借景として取り入れる工夫をした。また、ショーウィンドウ部分については、通りを歩く人など、外からの視線を集める重要な役割を担っている。したがって、外へ向けての「マグネット」ともいえるだろう。

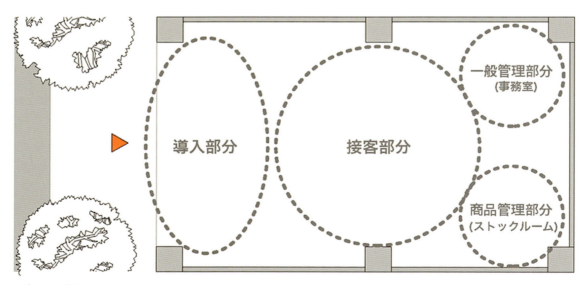

▲ゾーニング図

Case Study 1 ｜ ブランドショップ

▲パース／店内中央から

▲パース／窓側から

▲パース／真横から

4. 商業施設(店舗)設計のアプローチと設計例 ｜ 039

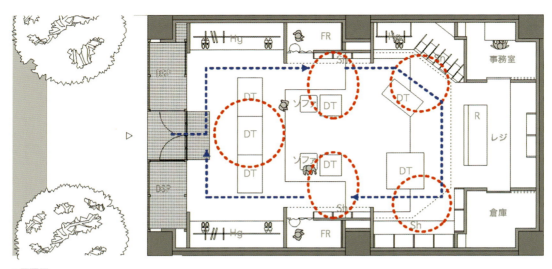
▲平面図

■色彩計画やマテリアル計画のポイント

①色彩は、商品に多用されている美しいテキスタイル柄を活かすため、寒色系のモノトーンの色使いでニュートラルな背景をつくり出す。
②一方で、部分的にメタリック調・透過反射性のある素材を用いることで、店舗空間に奥行きを出す工夫をする。
③商品展示と重ならない部分に、重みのあるテクスチャーを使用し、重厚感・高級感を演出する。

■照明計画のポイント

①ウェルカムマットをダウンライトで照らし、象徴的な導入部分をつくる。
②壁面棚は、商品の背景を照らし手前に影を落とすことで、商品をより立体的に見せる。
③接客部分全体は、間接照明とタスク照明をすみ分ける。
④高輝度照明によるグレアや、商品ディスプレイのガラス面の反射は避ける。

■設計上の法的規制について

計画予定地として想定する東京都中央区では、独自の景観条例等は定めておらず、届出の必要はないが、別途、銀座地区においてはデザイン協議会が設置されている。
➡中央区市街地開発事業指導要綱第11条の規定に基づき、2006年度に銀座デザイン協議会が指定されており、地元代表者を中心に景観等に配慮したまちづくりを推進している。デザイン協議会の協議対象となる区域内で、建築物や工作物の計画を行う開発事業社は、確認申請や認定申請の前に、デザイン協議会と計画内容について協議する。協議対象区域：中央区銀座1丁目から8丁目まで（中央区ホームページwww.city.chuo.lg.jpより）

したがって、銀座6丁目（想定）に立地する当該施設の場合、ファサードを含めた導入部分の計画の際には、協議内容について確認する必要がある。

Case Study 1 | ブランドショップ

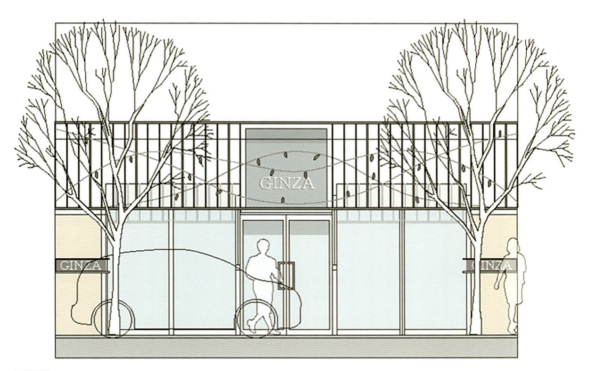

▲立面図

▲断面図

4. 商業施設(店舗)設計のアプローチと設計例 | 041

Case Study 2
アパレルショップ

Vaudeville

計画概要

計画類型：テナント出店型アパレルショップ・ショールーム
所 在 地：東京都港区
竣 工 年：2012年9月
計画面積：150㎡

ロケーションメリットを分析しデザインコンセプトを立案する

　アパレルショップとは、既成の衣料品を販売する物販店として位置づけられている。しかし、単に商品を販売する場としてだけでなく、ブランドイメージを顧客や市場に向けて明確に伝えるべく、適切な店舗デザインを心がける必要がある。

　ここに示す事例は、服飾ブランドのフラグシップ店舗であり、販売促進と同時に、製品の持つ本来のデザイン性や素材感などを来店者に明確に示す、いわばショールーム・ショップとして計画された。また本事例は東京都心の繁華街に位置しており、末端消費者のみならず服飾バイヤーなど、ファッションカルチャーに肥えた「多くの目」が集う場所に存在している。この文化の中心性を十分に活かし、アパレルメーカーとしてのブランドイメージを際立たせつつ的確に発信すべく、空間・什器とも、シンプルかつミニマルに展開するインテリアデザインが取り入れられた。

　デザインコンセプトの策定に当たっては、本事例が"Vaudeville"という舞台用語（英語圏での喜劇・歌劇、舞踊のための寄席、あるいは劇場空間を指す）を冠したアパレルブランドのショールームであることから、商品を主役とした舞台装置たるアイデアが盛り込まれた。アパレルは柔らかな人間が着る、柔らかな文化そのものであるから、空間を抽象化し、さまざまな動きやシーンを想起させることが魅力創出にもつながる。具体的には、椅子やドロワーといった生活家具を、それらの輪郭のみで抽象化しており、商品が掛けられた状態を見た際、着衣としての柔らかな動きのイメージや多様な着用シーンが自然に想起されるような造作となっている。

▲店舗内観／製品本来の持ち味をありのままに展示すべく、空間・什器ともきわめてミニマルかつシンプルに仕上げられており、一種の能舞台、劇場空間のかきわりのように、洋服に連関した多様な生活シーンが想起される。

ターゲットを見据えたプランニングと商品イメージを引き立たせる採光計画

本事例は既存テナントの2つの区画から構成されている。一方は展示・商談を主眼としたショールームスペースであり、空間中央に商談ゾーンを置き、すべての商品を常に見渡せるよう、展示什器はすべて壁面に沿って配置されている。来店客は一般購買層ではなく服飾バイヤーであるため、展示数を少なく抑えているが、一部給仕用のバックヤードを柔らかく仕切るようにも置かれている。商談スペースには、商品を机上に乗せて商談を進められるべく、比較的大きな900mm×900mmの正方形テーブルを用意し、人数に応じて自由連結できる。

もう一方の区画は展示品以外のストックスペースであり、ショールーム側での常設展示数を少なくするため、ストック容量も比較的余裕をもって計画されている。

次に、プランニング上での採光計画を見てみる。一般的に、物販店などでは色彩・素材劣化防止のため、商品に太陽の直射光を当てぬよう配慮が必要である。アパレルショップではこうした劣化防止の措置だけでなく、本来柔らかな曲線を持つ服装品に、コントラストの強い直射光を当てない、すなわち強い陰影をつけない工夫が必要となる。商品を見せる場所として、それが最大限魅力的に見える空間とするためには、既存開口部にからむプランニングから、適切な採光方法を検討する、すなわちウインドウ・トリートメントを考える必要がある。この事例では、開口部の窓をすべて覆いつつ、適宜間接的に外光を取り入れる「額縁採光」の造作を施し、意匠表現との両立を図っている。

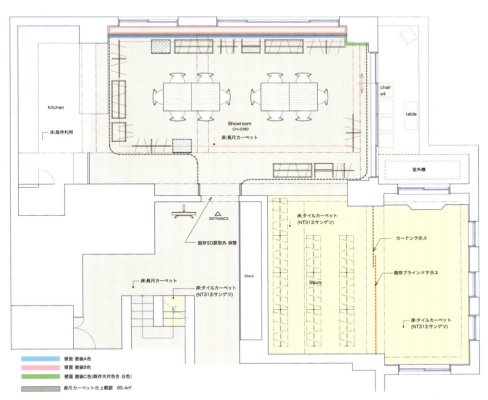

▲店内平面図／展示、ストック、商談を主眼にしたプランニングとなっている。ショールーム空間では商談スペースからすべての商品が見渡せるよう、壁面に沿って什器を配置する。また、それぞれの商品の特異性を際立たせるべく、展示数を限定し、展示しきれないものはストックルームに保管する。

展示空間の意匠表現を兼ねた
ウインドウ・トリートメント

ウインドウ・トリートメントの詳細を見てみる。展開図中に示した「P15号」とは、一般に流通している風景画を描くためのキャンバス規格サイズを示している。これらを縦横に組み合わせ意匠表現としながら、外光を間接的に取り入れ、室内のダクト・スポット照明と併せて好ましい光環境にて商品を引き立たせている。仕上げ壁面の開口は各額縁パネルの外寸より30mm程度小さくつくられているため、外光は自ずと白色のウォールウォッシュとなる。また、造作壁と既存壁の間に十分な懐をとっているため、腰窓より下の額縁パネルであっても一様な間接採光の状態を確保できている。すなわち、あまり既存開口にパネル面を寄せすぎると、この効果は薄くなるであろう。

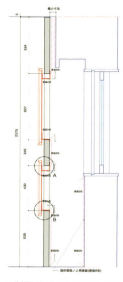

◀額縁採光／枠付きキャンバスの額縁より少し小さな開口から、柔らかな外光を間接的に取り込んでいる。人工照明と併せて、より自然な状態で商品を照らすことができる。

▲断面図／既存躯体およびカーテンボックスの内面にて十分な懐を確保し、額縁採光の壁を構成している。

壁面開口サイズ S=1/20

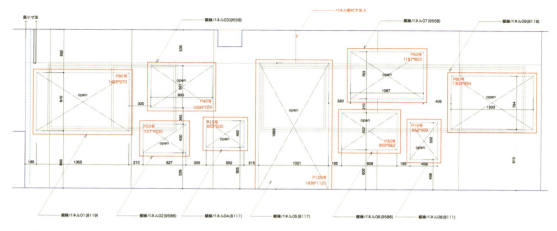

▲壁面展開図／規定の絵画用キャンバスを壁面同色にて塗装し、意匠表現としつつ、既存開口（引き違いサッシ等）に合わせ、適宜外光を遮蔽・導入するウインドウ・トリートメントとして機能させている。赤枠部分が枠付きキャンバスの外形。

既製品を流用し軽量かつ簡易な造作を心がける

本事例での額縁パネルはすべて取り外しが可能であるため、展示期間外は下図のように取り外すことで、通常のオフィス業務に対応させることができる。また、既製品のキャンバスを用いているため軽量であり、女性スタッフでも容易に取り付け・取り外しが可能である。仮にこのパネルをランバーコアや一般のフラッシュ扉材などで造作すると、恐らくは4〜5kg程度の大掛かりなものになり、デリケートな服飾品の近くでハンドリングするには不適切であろう。商品の置かれた店内装飾は、手軽なものほど使い勝手がよい。

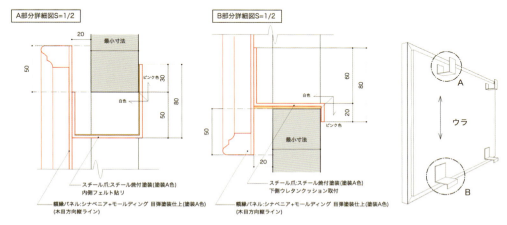

▲パネル金物詳細／上下4か所のスチール製アングル材にて開口部に固定する。上部がカギ爪、下部がノッチになっている。

▲取り外し状態の図／展示期間外は、図のようにすべてのキャンバスを取り外すことで、通常のオフィスとして機能する。

▶簡易な仕組み／各キャンバスは、アングル材による簡易固定ゆえ、手軽に取り外しが可能。商品の置かれた店内装飾は、このように可能な限り簡易なしくみでつくり、多様にアレンジできるよう心がけるべきである。

空間を抽象化しつつ、服装品の「透け感」を見せる展示什器

　いずれの展示什器も、なるべく細く、エッジを際立たせるべく15mm角鋼材を輪郭の枠材として用い、それらを溶接にて造作してある。ハンガーパイプ部分は使い勝手から10φの丸パイプ鋼材を使用している。ミラースタンドも含めて同じ素材でつくることで、より図像としての空間全体の抽象化を図っている。また、フレーム構成にしたもう一つの狙いは、額縁からの間接外光を通し、商品の生地の「透け感」や「雰囲気」を見せることにある。そのほか、壁面は補修しやすいホワイトEP塗装とし、光の回りが美しく見える全艶消し、床は比較的毛足の長い長尺カーペットであり、靴音が響かないよう静謐性に配慮されている。本事例は比較的小規模ながら、アパレルショップおよびショールームとして複合的な機能を十分果たしている。

▲**照明による空間演出**／バックヤード側の目隠しとしてメタリック素材のドレープカーテンを走らせており、スポット照明と展示什器を組み合わせて演劇舞台のように抽象的な空間演出も可能になる。

▶**什器による商品演出**／空間意匠を抽象化し、商品のプレゼンスと服装品としての「動き」を創発させている。

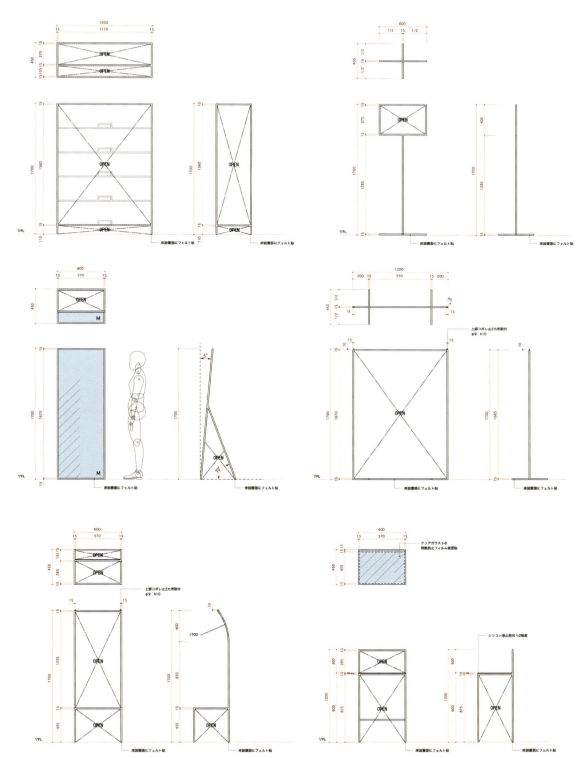

▲展示什器の詳細図／各什器とも、アウトラインを極力細く見せるべく、角の甘いパイプ鋼材ではなく15mm角の角棒を用いている。仕上げはフレームの陰影に溶け込むべく、すべてつや消しブラックの焼付塗装としてある。なお、テーブル天板のみオーク突板にラッカー目ハジキ塗装とし、木目を残している。

Case Study 3
ブティック

ルシェルブルー

計画概要

計画類型：テナント出店型
所　在　地：大阪府
竣　工　年：2011年
計画面積：264m²

■ 経営と市場環境を知っておこう

　現代において、物販店はeコマースの発展に伴い、インターネットでショッピングをして自宅まで商品を配送するスタイルが常識となった。経済産業省の発表によると、2014年度の衣料・服装・雑貨等の市場規模は12兆822億円であり、eコマース化率も大きく伸びている。しかし、ブティックは街並みに賑わいと彩りを与え、ランドマークになりうる重要な要素である。今後、ブティックは魅力ある空間づくりで、空間が豊かで魅力が高く、質を重視した設計デザインが要求される。

■ 立地条件の考察

　日本のブティックの立地場所を大きく分けると、路面店舗、百貨店、そして商業施設（テナントビル）だ。これら3つの立地にはそれぞれ個別の魅力があり、学生やOL、または高感度の男女に人気がある。

　テナントビルは、ファッションビルやターミナルビルなどロケーションによって名称が変わる。ターミナルビルは、立地の利便性と買い回りのよさから、ジェネレーションを選ばず人気がある。当該ブティックは、大阪駅に2011年に開業したテナントビル"ルクア"内に設計された。大阪駅梅田地区では、2008年より大阪駅に隣接する貨物駅の再開発が行われている。その地区に隣接する大阪駅が新装増床して、ターミナルビル"ルクア"となった。ルクアは梅田地区で最高のファッションやトレンドを提案するビルとして、流行に敏感な女性がメインターゲットとされた。"ここにしかない価値"を合い言葉に、JR・私鉄・地下鉄の各沿線が高度に発達した地域におけるインフラで、大勢のターゲットを集客している。

■ 施設計画に当たって

　ルクアはJRのコンコースに面したペデストリアンデッキを施設に持ち、当該ショップはそのペデストリアンデッキにウインドウ面を持つ区画で、ショップ契約面積は約80坪となる。コンコースと建築アトリウムの変則性もあり、ショップの天井高さも5mである。スケール的には、インテリアよりは建築的大空間を感じるスケール感あふれる魅力的な区画だ。ウインドウ面とガラスで構成されたエントランスは、区画に対して2方向に2面ある。それはグランフロント大阪ビル側（再開発地区）に動線計画される幅員の広いペデストリアン通路と、阪急梅田駅に進む往来が非常に多い通路に面している。大阪駅梅田地区の平日のJR・私鉄・地下鉄の総乗降客は年間で約8億8,000万人（2015年度）であり、世界的にも上位を占めている。出店者のクライアントからは、往来する大勢の人々にアピールできるブティック空間が依頼された。

必要各機能要件

①エントランスドア（設計は建築工事）
②ウインドウサッシ（設計は建築工事）
③レジカウンター（レジスターおよびデバイス、ショッパーズ収納）
④ハンガーラックおよび棚板（ガーメント類陳列）
⑤雑貨（シューズ陳列）
⑥雑貨（バッグ陳列）
⑦雑貨（アクセサリー陳列および在庫収納）
⑧VP（ディスプレイスペース：マネキン等を設置）
⑨ストックルーム（10坪以上でとれるだけとりたい）
⑩姿見（なるべく多くの位置に設置）
⑪フィッティングルーム（内装仕様：計5か所）
⑫店名サイン（内装仕様：ネオン白）

■ 各部門のセクション

　インテリア空間の依頼を受けてデザインを進め

る場合、テナントビルの案件は事前にデベロッパーより設計指針等の資料が配布される。それには、各テナントに対する個別のレギュレーションおよび環境設計解説も含めて、設計上必要な決めごとが細かく記載されている。それを基に、設計者はショップデザインを進める。当該物件では、指針のレギュレーションをなぞりながら、初めにクライアントとブレインストーミングを行う。大まかな機能要件などのヒヤリングを行うことによって、機能一辺倒な話からだけではなく、微細な話の断片からもデザインイメージが膨らみ、自己の頭の中にデザイン空間のおぼろげなカタチと光が現れる。

ブティックショップの空間要件

① 服飾、ファッション雑貨の商品量（SKU）を店頭に陳列するための棚板およびハンガーラック、ポールおよび陳列什器
② マネキンをショーイングするスペース（約10体のマネキンを設置）
③ 試着室（フッティングルーム）（5室）
④ 商品の在庫を保管・管理できる倉庫（ストックルーム）（10坪以上）
⑤ 商品のリペア（パンツならば裾上げなど）を保管するストレージ
⑥ レジスター、各種通信デバイス、およびショッパーズ（紙袋など）を保管・管理する店内什器

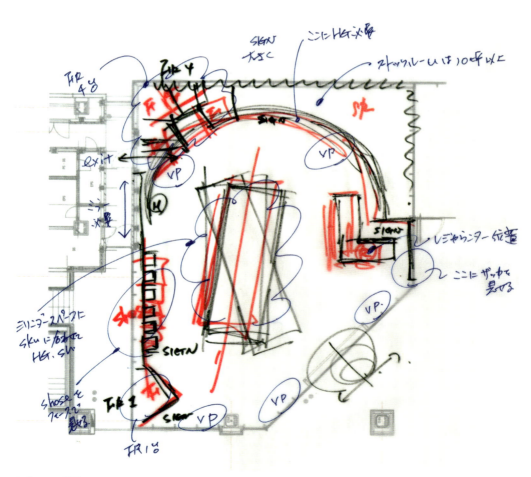

▲ゾーニング図

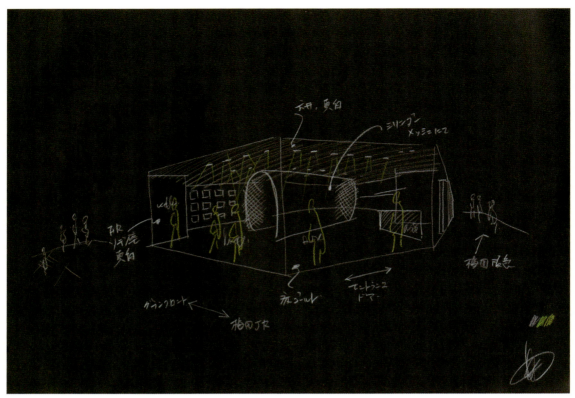
▲イメージパース

▼各部のイメージスケッチ

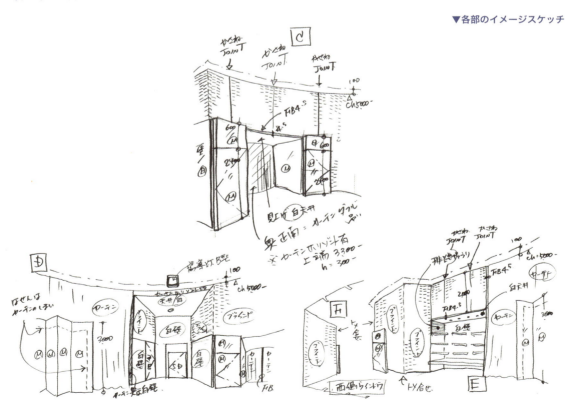

日々の売り上げ、商品品目の管理事務をPC処理するデスクも必要となり、それらは主にストックルームに設置される。その数量を前提に設計が進行する。

ただし、ショップ空間の設計だからといって、数値を設計に落し込むだけの設計から始めてしまうと、数量化されただけの色気のない空間となる。重要なのは、デザインされた空間に機能要件が付加されている状態なのであり、設計にデザインをプラスすることではない。ちまたのブティックで見受けられるショップ空間は、機能設計から入ってしまい、図面上の要件を消化した後でデザインをつけ足しただけの、いわば編集デザインのショップ空間と言える。そのデザインでは、今後必要とされる魅力あるブティック空間とはなり難い。消化編集デザインは現在主流の流行を表面的に見せているだけなので、現在流行していても3年ほどの時間経過で古く感じてしまうものだ。先の時代を見据えて、近い将来に主流になるであろうデザインを発見し、スタディにスタディを重ねたデザイン空間が必要なのだ。

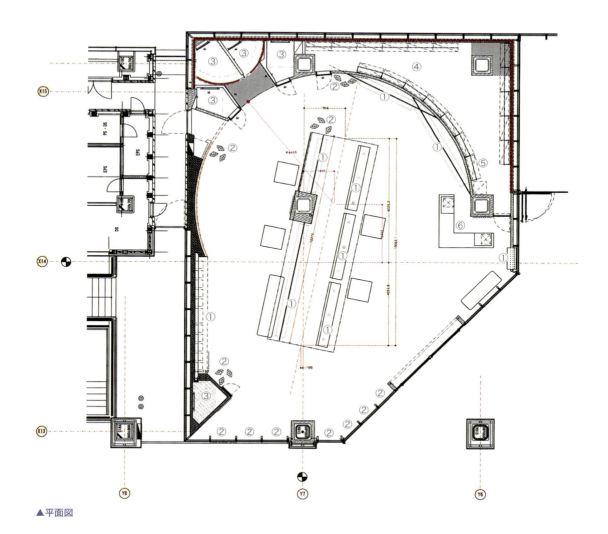

▲平面図

計画上の留意点—平面が絶対ではない

当該作品が追求するデザインは、コンテンポラリーなインテリアデザイン空間を目指している。コンテンポラリーなブティックは、色彩、素材、フォルム、および照明計画の各構成要素がデザインポイントとなる。

また、大型ガラス張りウインドウを2面持ち、大勢の往来がある環境では、人々が歩きながらウインドウに視線を向けるものである。この動視線に対してウインドウ越しのVP（マネキン、およびディスプレイ機器）がどこに設置されて、店舗内がどのように見え、どのように感じられるかがデザインのポイントとなる。

他方、デザインされた店舗内の陳列什器に陳列されたアパレル商品等が来店客に魅力的であることも重要である。これらが相まって"入りたくなるショップ"となる。

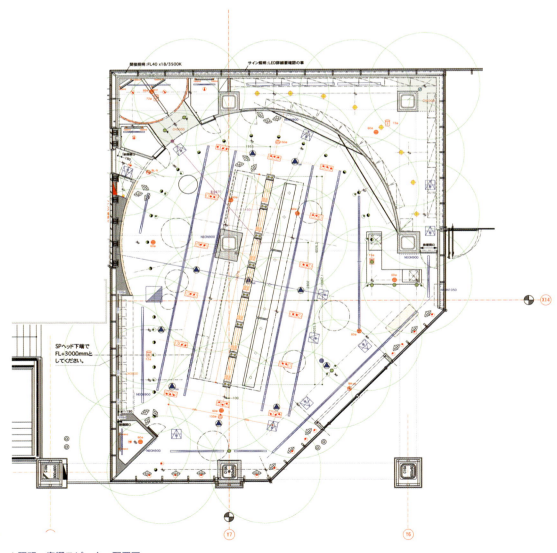

▲照明・音響スピーカー配置図

Case Study 3 | ブティック

当該作品の構成要素
①色彩:ホワイト&ゴールド:ファッションとリンクしたカラー、かつ流行に左右されない色彩。
②素材:建材メーカーの既製品に甘んじない特注の塗り床材。
③フォルム:シリンダー状の空間装置にて店舗奥行きにレイアを与える素材で構成。

④照明計画:直接光と特注ペンダント、さらに間接照明で演出。

　流行に左右されないゴールドの色彩、建材は、既製品メーカーからのセレクトではなく、自社で開発されたゴールドの床材、見たことも体験したこともないトランスペアレントの素材で構築されたシリンダーフォルムの提案である。そこには大きなペンダントで方向性を与え、奥行きを感じさせている。そして、シリンダー越しに見えるシューズ雑貨棚は、来店客の視線移動を考慮して、店舗空間奥まで客動線を導く狙いで間接照明計画とした。

◀▼シリンダー状の空間装置

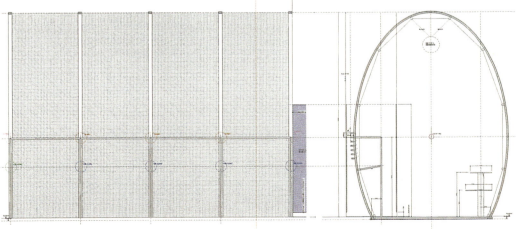

▲シリンダー詳細図

4. 商業施設(店舗)設計のアプローチと設計例

Case Study 4
生活雑貨ショップ（ライフスタイル提案型ショップ）

計画概要

計画類型：町近型
所 在 地：東京都世田谷区
竣 工 年：——
計画面積：——

■ 経営と市場環境を知っておこう

　生活雑貨ショップとは、日々の生活に欠かせない日用品や生活雑貨を中心に品ぞろえする店であり、一昔前で言うところの「荒物屋」や「金物屋」、あるいは身近な必需品を一手に引き受ける「よろずや」といった業種がそれに当てはまる。また、昨今の激安ブームの影響も受け、独自に商品開発・品ぞろえされた商品を均一価格で提供するチェーン店の「100円ショップ」という新業態も台頭し、小規模店である「金物屋」や「荒物屋」の減少に拍車をかけている。一方、さまざまな経営コンセプトの下、「日々のくらし」に着目しながら、自然や素材、健康、食などにこだわり、独自の生活スタイルを提案する「ライフスタイル提案型ショップ」という業態も増加傾向にある。昨今の健康・食育・自然回帰ブームを追い風に、生活用品や雑貨、食品、衣料品等を品ぞろえしながら、新たなライフスタイルを提案するというこの業態は、主婦層を中心とする女性をメインターゲットにしながら、ヤングファミリー層やシニア層へ広がりを見せており、これらの店の多くはさまざまなイベントやキャンペーンなどの販促を企画し、集客を図っている。

　今回計画する生活雑貨ショップは、この「ライフスタイル提案型ショップ」である。この店のコンセプトは、「西欧の国々のライフスタイルを紹介することで、人々のくらしに彩りや心地よさを与え、より快適な生活を営んでもらおうとするもの」である。以上のショップコンセプトをベースに、施設計画を行っていこう。

■ 立地条件を考察しておこう

　計画予定の立地は、東京都世田谷区奥沢で、閑静な住宅街に隣接する場所と仮定する。私鉄の自由が丘駅から歩いて7～10分ほどと少々離れているが、駅を中心として放射状に広がる道筋に、衣料品店や専門店、飲食店が点在し、買い物や食事を楽しみながら散策することのできる「ショッピングタウン」となっている。駅前に大規模商業施設がないため、買い物客は駅周辺に留まることなく、興味を引く店を探しながら気ままに散策をしているようだ。

　計画する生活雑貨ショップは、道の両側に衣料品店や飲食店が建ち並ぶ細いショッピングストリートに立地する。衣料品店や飲食店が多い中、近隣

▲生活雑貨ショップとその立地様態

や沿線に住むヤングミセスをメインターゲットとする「ライフスタイル提案型ショップ」であるため、女性を中心に幅広い世代から親しまれると想定できる。以上のように、立地や店舗コンセプトを踏まえた上で、ターゲット層についても想定しておこう。

計画に当たって施設機能構成を検討しよう

販売形式の確認

物販店の販売形式は、大きくは対面販売形式、側面販売形式、セルフサービス形式の３つに分かれる。計画する生活雑貨ショップの取扱商品は生活雑貨だけでなく、家具や衣料品など幅広いので、来店客が自由に店内を回遊する中で購入する商品を探す側面販売形式をとる。販売形式を確認した上で、必要な施設機能をリストアップしよう。以下は、生活雑貨ショップの施設構成例である。

施設構成例

①導入部分：アプローチ、ショップエントランス、ディスプレイスペース
②接客部分（売り場）：商品ディスプレイスペース（壁面棚、テーブル什器など商品の家具を利用していくつかのライフスタイル提案コーナーを設置）、フィッティングルーム、接客カウンター
③商品管理部分（ストックルーム）
④一般管理部分（事務スペース）

各部門のセクションとレイアウト

当該施設に必要な施設機能をリストアップした後、すぐにレイアウトに移りたいところだが、来店客の回遊性を重視する側面販売形式の物販店であるため、以下の手順で進めよう。

客動線をイメージしよう

業態によって多少の違いはあるが、側面販売形式の店の客動線は、店内を大きく回遊、売り場をくまなく見ていただけるよう、わかりやすく設定しよう。なぜなら、側面販売形式の店は、取扱商品のすべてを見ていただく中で購入希望の商品を見つけていただくからである。また、計画する生活雑貨ショップは、売り場の中にいくつかのライフスタイル提案コーナーを設置することで、来店客の目をひき付け、次のコーナーへと誘導する。コーナーごとに展開されている「ライフスタイル提案をくらしのヒントに」してもらうことが、動線や売り場計画の狙いである。また、他の業態とは異なり、アイテム別ではなく商品展示のテーマ別にアイテムが集められることも確認しておきたい。以下に、計画する生活雑貨ショップの客動線をイメージしてみた。

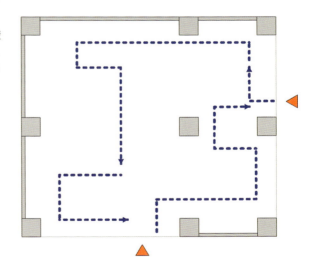

▲客動線図

客動線をベースに施設機能の配置（ゾーニング）をしよう

①ゾーニングの方法は業態によって多少の違いはあるが、まずは導入部分から続く接客部分（売り場）を優先して配置しよう。

②基本的には、客動線をイメージしながら、接客部分に設置された「ライフスタイル提案コーナー」をすべて見ていただけるよう、それぞれの機能を配置する。

③接客部分に設置された「ライフスタイル提案コーナー」は、特定のテーマに基づいた商品展示スペースである。来店客の目をひき付け、次のコーナーに誘導するような仕掛けや工夫が必要となる。

④取扱商品には衣料品もあるため、試着室（フィッティングルーム）が必要となる。来店客が商品を見ながらスムーズに移動できる場所に配置しよう。また、試着は落ち着きを重視するため、導入部分近くの配置は避ける。100m²規模の店の場合、試着室担当のスタッフがつかないことが多いため、その場合はスタッフが常駐する接客カウンターから目の届く場所に配置するとよい。

⑤導入部分と接客部分は来店客が利用される直接営業の機能であるのに対し、商品管理部分（ストックルーム）や一般管理部分（事務スペース）などは営業を支える間接営業の機能（バックヤード）であることも確認しておこう。

⑥バックヤードへの出入りは頻繁であるので、来店客の目につかぬよう、バックヤードとその出入り口は、導入部分より遠い場所に配置するよう心がけよう。

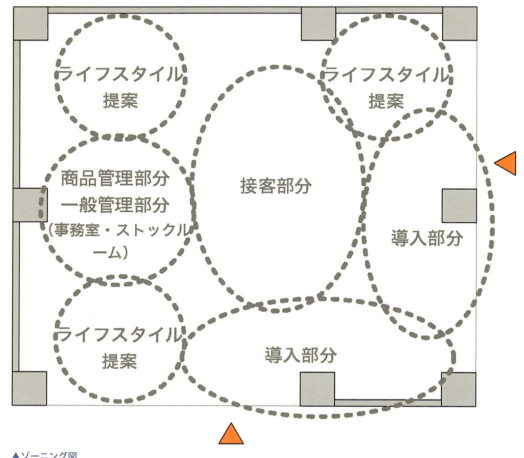

▲ゾーニング図

Case Study 4 　生活雑貨ショップ（ライフスタイル提案型ショップ）

■ 平面計画上のポイント

計画の前にコンセプトを確認しよう

① 平面計画を行う前に、今一度、ショップコンセプトを確認し、具体化するデザインとコンセプトがずれることのないように注意することが大切である。ショップコンセプトは「西欧のライフスタイルを紹介することで、くらしに彩りや心地よさを与える…」であることを確認する。

② ショップコンセプトからイメージするキーワードをピックアップする。計画するショップの場合、「西欧のくらし」「自然な」「ありのままの」「居心地のよい」などのキーワードが想定された。

③ キーワードをベースに、施設環境をイメージし、具体的設計に入る。全体的にアットホームなイメージで、まるで家のリビングルームやダイニングルームに居るかのように感じられる環境とした。また売り場機能は、基本的に商品アイテムごとに売り場を分けるのではなく、ライフスタイルを提案するコーナーをいくつか設け、その中でさまざまなアイテムを展開する形式を採用する。それらのライフスタイル提案コーナーは、来店客の視線を集める主要売り場「マグネット」でもある。下記の平面図上には、客動線➡「回遊」、主要売り場➡「マグネット」の表記があるので、参照してもらいたい。

売り場内の什器の多くは、商品でもある家具類である。したがって、つくり付けの棚などは控え、自由なレイアウトができるようにした。一部に、流れるような丸みのあるデザインを施した。また、導入部分については、通りを歩く人々の行動と視線を活かした開口部のデザインとした。

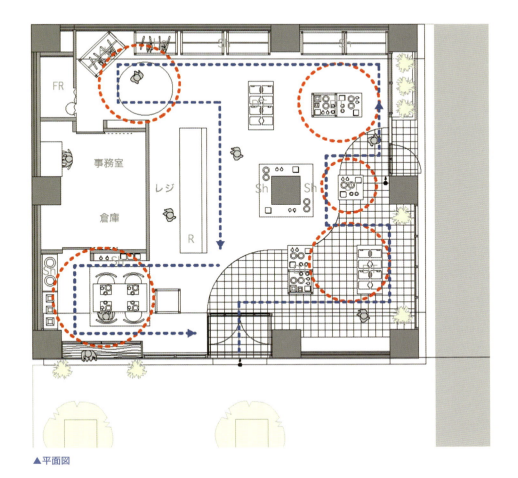

▲平面図

マテリアル計画と色彩計画のポイント

①木素材中心で、スチールや石をアクセントとして使用する。
②一部、コンクリート躯体を露出させ、生活雑貨ショップであることからDIY感を演出する。
③異なる床仕上げにより、コーナー分けを意識させる。
④導入部分に半戸外空間のような休憩スペース（ベンチ）を設け、植栽を施すことで、楽しさや店外とのつながりを演出する
⑤商品イメージを壊すような強いテクスチャーの使用は避ける。

照明計画

①基本的にはダウンライトやブラケット照明など、低い位置で配光を行う。
②ライフスタイル提案型のショップのため、商品のデスクライトやフロアランプなどの使用も効果的である。
③下がり天井や入隅によって、照明のすみ分けを行う。
④夜間は、店内の照明が戸外に漏れ、演出効果を発揮する。
⑤アットホームな店内環境づくりのため、高照度の演出は避ける。

▲立面図

▲立面図

| Case Study 4 | 生活雑貨ショップ（ライフスタイル提案型ショップ）

■設計上の法的規制について

　当該施設は東京都世田谷区内の商業ゾーンを想定している。世田谷区は2007年度より景観法に基づく景観行政団体となっており、「届出対象行為」に該当する場合は区への届出が必要となるため、ファサードなど外観に関わる工作が生じる場合は、その規模や内容について、「風景づくり条例に基づく建設行為等の届出の進め方」を参照、確認する必要がある（世田谷区ホームページwww.city.setagaya.lg.jpより）。

▲パース

◀ライフスタイルを提案する生活雑貨ショップ

◀生活雑貨ショップ
　商品イメージ

4. 商業施設(店舗)設計のアプローチと設計例

Case Study 5
書店

計画概要

計画類型：テナント出店型
所　在　地：ターミナル駅ビル内
竣　工　年：――
計画面積：約300坪（989m²）

■ 経営と市場環境を知っておこう

　近年、いわゆる町の本屋さんと親しまれ、地域に根づいて商売をしていた小規模書店（主に店舗面積が50坪以下）は、次々と姿を消しつつある。その主な原因は、消費者（特に若年層）の活字離れ、出版不況や電子書籍の広がり、アマゾンや出版社直販などのネット通販や、ターミナル立地の大型書店などの影響による売り上げ不振である。ここ数年の推移を見ると、2006～2015年の書店数は14,555店から10,855店となり、この10年で3,700店の減少。また、出版物推定販売額の推移は1兆6,834億円から1兆1,596億円となり、この10年で約31％の減少となっている（日本出版販売株式会社2016年「出版物販売額の実態」より）。

　そのような状況の中、紀伊國屋書店や丸善ジュンク堂書店などの大手書店チェーンは、高齢者など非デジタル世代やネット通販では満足できない消費者へ対応すべきリアル店舗として、圧倒的な品ぞろえを誇る大型化（300坪超）、超大型化（500～1,500坪超）を進め、ターミナル駅ビルや大型商業施設などへ出店している。

　一方、中小書店はその生き残りをかけて、例えば絵本、洋書、美術・デザイン系などに特化したジャンル、あるいは新書だけでなく古書も含めた店主こだわりの品ぞろえとしたり、雑貨やカフェ、コンビニエンスストアとの複合化を図るなどの努力を行っている。

　特筆すべきは、都市型ライフスタイル店舗として今までの書店のイメージを大きく変えた代官山蔦屋書店（2011年開業）である。決して利便性の高い場所ではない立地に建つ、上質なライフスタイルにこだわりを持つプレミアエイジをターゲットとした書店であるが、今では老若男女が集う代官山のトレンドスポットとして賑わっている。蔦屋書店はこれを契機として、二子玉川・枚方・梅田・銀座などに大型店を出店し、さらに駅ナカや駅前高架下などにも中・小型の店舗展開を図っている。

■ 立地条件の考察をしておこう

　当該書店は、首都圏に位置する鉄道ターミナル駅ビル内にある大型書店（約300坪）であり、ファッションフロアの上に位置するカルチャー・サービスフロア内のテナント書店である。ターミナル駅ビル内であることから、不特定多数、特に女性客が多く訪れる立地である。

■ 計画に当たって施設機能構成を検討しよう

　駅ビル内にある大型書店ということから、サラリーマンやOLなどの社会人や学生・親子連れなど幅広いターゲットを想定した。売場のゾーニングは店頭部にフェアやイベントゾーン、その奥に雑誌ゾーンと一般書籍ゾーン、さらに中央通路を挟んだ奥には目的性の高い専門書籍を配置している。その中央通路沿いにはソファを配し、じっくりと腰を下ろして本を選べるように配慮している。

　店舗の最奥には、他のゾーンとは分離した形で親子連れが利用するキッズコーナーとし、低い書棚を背にしたソファーで囲まれた落ち着きのある空間を意図した。

　レジ・インフォメーションコーナーは店舗全体が見渡せる共用通路側の中央に配置し、十分なレジ待ちスペースを確保した。また、来店客が書籍を検索しやすいように、雑誌ゾーン付近に検索コーナーを5か所設置した。

Case Study 5 | 書店

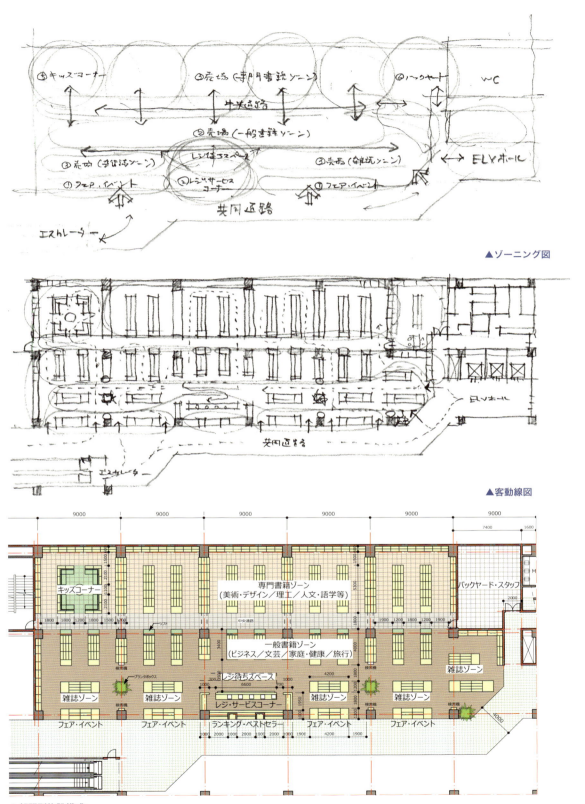

▲ゾーニング図

▲客動線図

▲部門別施設構成

4. 商業施設(店舗)設計のアプローチと設計例 | 061

部門別施設構成

① 店頭部フェア・イベントコーナー(ランキング・ベストセラーコーナーを含む)
② レジ:レジカウンター・サービスコーナー
③ 売場:雑誌ゾーン・一般書籍ゾーン・専門書籍ゾーン
④ 中央通路:ソファー
⑤ キッズコーナー
⑥ バックヤード・スタッフルーム

各部門のセクションとレイアウト

① 店頭部は、新刊・話題の本・ベストセラー、イベントに関連する雑貨等、思わず足を止め、手にとりたくなるような訴求力が不可欠である。
② 店外通路から店内奥までの見通しのよさや、店内のスムーズな回遊性も必要である。
書棚・什器は見通しのよさに配慮し、手前から奥に向かって書棚が高くなっている。また、すべての通路幅は書棚前に立つ来店客の間を楽に通り抜けられるよう、幅1,800mmを確保した。
③ レジカウンターは店内全体を見渡せる中央部に設置する。レジカウンターまわりのスペースは、繁忙時には行列ができることがあるため、行列可能なレジ待ちスペースを設けた。
④ 来店客の問い合わせや検索の要望に応えやすくするため、レジカウンター脇にサービスコーナー、雑誌ゾーン付近に検索コーナーを設けた。
⑤ 書棚は在庫量確保のために高くなりがちであるが、管理上レジカウンターからの見通しをよくして、できるだけ死角をつくらないように、レジに対して直交させることを基本とした。
⑥ 売り場の品ぞろえは超大型店でない限り、その店舗の立地やターゲット設定からの店舗コンセプトによって、ある程度セグメントされたジャンルで構成されることとなる。漫画・コミック系は専門店やコンビニエンスストア、あるいはネット利用が多いため、ここでは除外した。

平面計画上の留意点

店舗設計に当たって、店舗ファサードは極力シンプルにし、店舗奥へと入りやすい見通しのよさや、落ち着いた雰囲気となるように留意した。
❶ 店頭部には、店名サインや店舗内の案内マップ、イベント告知機能を持つデジタルサイネージを設置する。
❷ 店頭部平台や雑誌ゾーンは平積みや面陳列を基本とし、表紙の訴求力により、思わず手にとりたくなるような演出に配慮する。
❸ 動線計画では、来店客の回遊のしやすさと目的のコーナーがわかりやすいよう、ゆとりあるスムーズな動線、サイン計画、利用しやすい5か所の検索コーナーの設置などに配慮する。

▲店頭部イメージ

Case Study 5 ｜ 書店

◀天井伏図／天井はPB下地AEP仕上げのオフホワイト色とし、バックヤードは白色の化粧石膏ボードとした。
中央通路天井については、通路の明確化、一般書籍と専門書籍ゾーンの切り替えを意図して、ルーバー天井仕上げとした。
レジカウンター、キッズコーナーは天井高さを変え、間接照明とし、そのコーナーを明確に意識できるようにした。

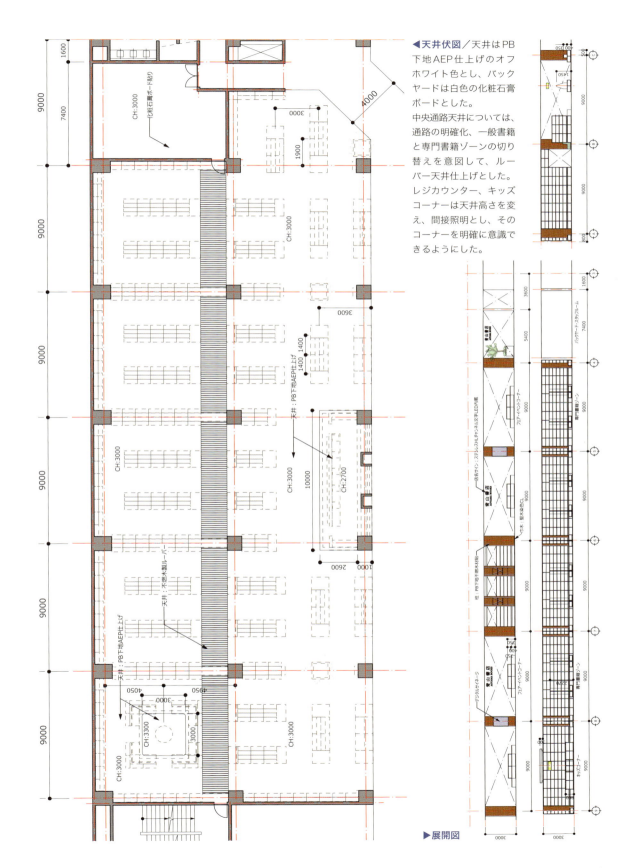

▶展開図

4. 商業施設(店舗)設計のアプローチと設計例 ｜ 063

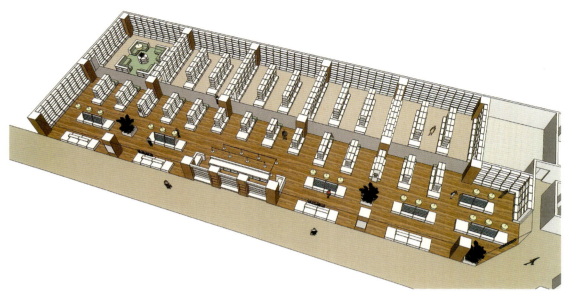

▲鳥瞰パース

▲ファサード（入口まわり）パース

■ 設計上の法的規制について

①大型商業施設における法的制限とは、内装制限、避難規定、排煙設備等の防災設備等に関するものである。工事区分上、防災設備に関する内容は主にビル側の範囲となるが、店舗レイアウト上の通路のとり方や通路幅員などは、仮に東京の場合では、東京都安全条例や東京都火災予防条例等、各地方自治体の条例を確認する必要がある。

②一般的な設定としては、メイン動線やレジ前で1.8m以上、書架間サブ動線は1.2m以上を目安とすべきである。

③本棚等の転倒防止策において、2009年古書店の本棚転倒事故を受け、消費者庁より「本棚等の転倒防止策について」の指針が2010年12月1日付けにて通達された。

③-1　棚の選定等
- 転倒に対し安定性があり、収納物に応じ十分な強度の棚を有する部材で構成される棚を選定する。
- 棚は下部に重心を持ち奥行きを備えた構造が

Case Study 8 | ベーカリー&カフェ

タイルで回遊性を持たせ、左側に設置したカフェへの入口とレジを利用しやすいようにレイアウトをした。

店舗のイメージデザイン

ファサードはガラス面を多くしてオープンにし、外壁はレンガタイルとモールディングで仕上げ、ヨーロッパ風のイメージとした。

店内も壁面はスタッコ調のクロス仕上げに一部レンガタイル貼りとした。木部はオーク調の木目で統一し、天井はスタッコの「ひねり」を入れた仕上げで、ヨーロッパ風のイメージとした。

天井の回り縁部分に飾り梁を配し、その中にLED照明の間接型を取り入れた。

一方、カフェはイメージを変え、ホワイトを基調とした北欧風のモダンで明るく爽やかな店内を計画した。

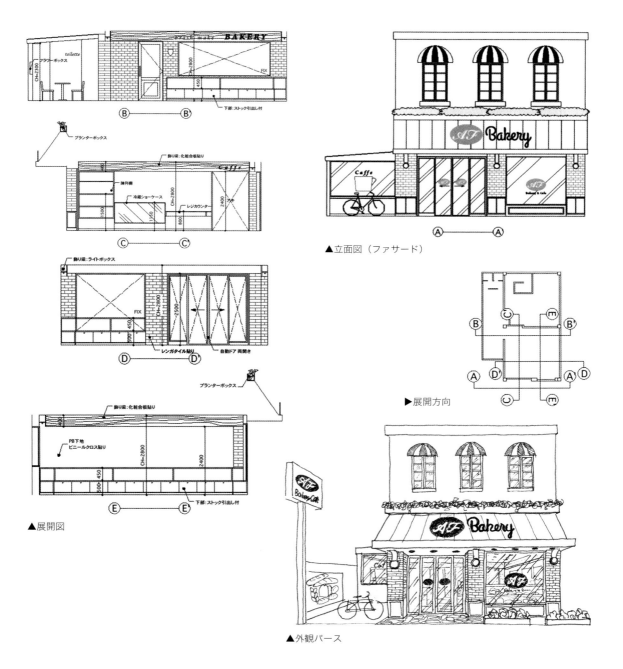

▲展開図

▲立面図（ファサード）

▶展開方向

▲外観パース

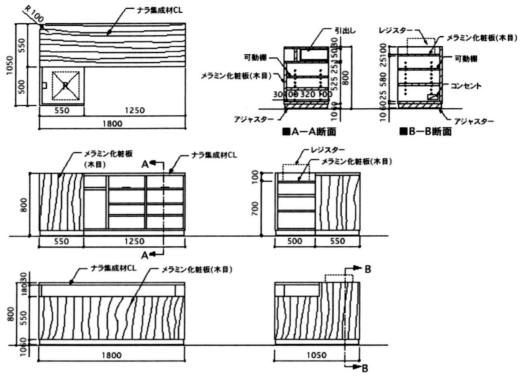

▲カウンター什器詳細図

陳列什器の機能

　壁面回りの販売台は2段の棚に止め、高さも90cm程度に収めた。また、洋生菓子も自家製がつくれるので、冷蔵ショーケースを配置して、従業員がレジスターと兼用できるように併設してレイアウトした。中央のゴンドラも高さを同等にした。特に、上段にフランスパンなどカゴに入れると30〜40cmの高さになるので、ボリューム感が出る。

照明計画

　全体的にはランニングコストを考慮し、LED照明を取り入れた。

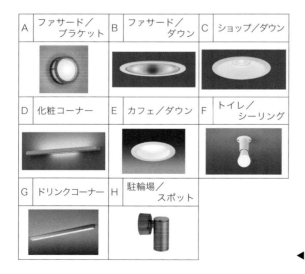

◀照明姿図

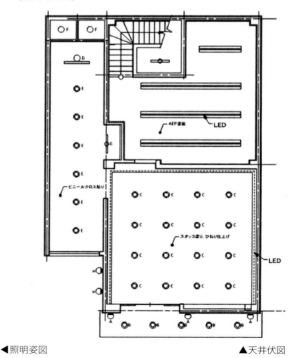

▲天井伏図

製パン室は昼白色のLED照明、売り場は電球色のLED照明として、落ち着いた雰囲気を演出した。また、天井の回り縁部分に飾り梁を配し、その中にLED照明の間接型を取り入れた。

オープンカフェもLED照明を用い、落ち着いた雰囲気を演出した。

設計上の法的規制

菓子製造業許可の取得のために求められる施設基準（東京都の基準）は以下のとおりである。
① 床は耐水性で、清掃しやすい構造であること（ただし、水を使用しない場所は、厚板を使用することができる）。
② 内壁は高さ1mまで耐水性で、清掃しやすい構造であること（ただし、水を使用しない場所は、この限りでない）。
③ ねずみや昆虫の侵入を防ぐ設備を備えていること。
④ 換気設備を備えていること。
⑤ 施設の明るさは、50ルクス以上とすること。
⑥ 流水式洗浄設備を備えていること。
⑦ 流水受槽式手洗い設備と手指の消毒装置を備えていること。
⑧ 従業員用のトイレと流水受槽式手洗い設備、手指の消毒装置を設けること。
⑨ 従業員の数に応じた更衣室または更衣箱を作業場外に設けること。
⑩ 施設は作業区分ごとに区画すること。
⑪ 作業場外に原料倉庫を設けること。
⑫ 製造量に応じた数および能力のある焼き釜、蒸し器その他の必要な機械器具類を設けること。
⑬ 必要に応じて冷蔵設備を設けること。

CI計画

経営戦力の一環としてCI計画を行い、ロゴマークからサイン計画、ショップカード、ポスター、チラシ、パッケージデザインまでをトータルでデザインし、店舗のイメージ統一を図り、店舗の認知度をアップさせる。

また、店舗のホームページやSNSを利用した情報発信を行い、若い顧客の認知度を上げ、遠方からの顧客の確保にも努める。

パン・メニュー構成

基本的に、ベーカリーとしては、何といっても食事用のパンに魅力がなければ顧客の固定化やリピート客を増やすことにはならないことを意識しておくべきである。

食の安全性に関心が高い客層を意識し、国産小麦や天然酵母を用いた食パンやフランスパンを中心に、毎日食べても飽きない食事用のパンで常連客を確保するとともに、話題になるような、どこにも負けないオリジナル商品を開発することを忘れてはならない。

SNSに投稿したくなるような写真映えする商品や、季節に応じた新商品の開発も重要になる。
- 食パン系
- フランスパン系
- デニッシュ系
- ドイツパン系
- テーブルパン系
- 菓子パン系
- ドーナッツ揚げパン系
- 調理パン系
- その他

パン製造室の機器を知っておこう

機器メーカーによって型状や寸法が異なるが、製造に当たって使用する製パン用機器を紹介しておこう。
① オーブン：この機器には電気式とガス式とがある。パン仕上げによってはスチームを発生する機能が必要。
② ミキサー：パン生地をこねる機械。
③ ホイロ：パン生地を発酵させる機器。
④ リバースシート：パン生地をのばす機械。
⑤ フライヤー：揚げパンを作る機器。
⑥ シンク：流し。二槽型が必要。同時に手洗い場を別途に設置すること。

▲ロゴ

Case Study 9 和菓子店

菓子処 梅の花

計画概要

計画類型：ロードサイド型
所 在 地：県庁所在地(人口20万人地方都市)
竣 工 年：――
計画面積：160.16m²

計画立地環境の概要

当該計画地は県庁所在地で、人口は20万人を超える地方都市である。周知のごとく、中心市街地は以前は繁華な商店街であったが、モータリゼーションの時代にその対応ができないまま衰退し、残念ながらシャッター通りと言われる商店街になってしまった。今や街の中心地は郊外に移行し、その流れは加速しているのが現状である。

マーケティングの転換

経営方針の転換の第一義は、顧客動向すなわち買物行動の主流となるマイカー族の利便性を考慮する施策を取り入れること。そのためには駐車場・駐輪場を設け、容易に買い物をしていただくためのスペースの確保が必要と考えた。

以前より自家製の和菓子屋として経営をしてきたので、これを踏襲する経営を進める。よって売り場と製造室を合併することで、おいしさ、新鮮さを売り物にしたい。同時に客単価を上げるために、ギフト商品の開発、新しい商品の開発、その前提となる市場環境の1つは「梅」で有名な都市なので、梅最中、梅饅頭、梅ゴーフル、大人向けに梅酒入りチョコレートボンボンなど店頭販売と併せネット販売を実施する積極的なマーケティングを押し進めていく方針である。

▲ロゴ

店舗施設計画の考え方

①前項でも述べたようにロードサイド型なので駐車場、駐輪場を確保することが第一である。敷地面積の問題もあり、台数も5～6台程度になる。
②自家製なので、製造室と売り場とを併設させるレイアウトが前提となる。

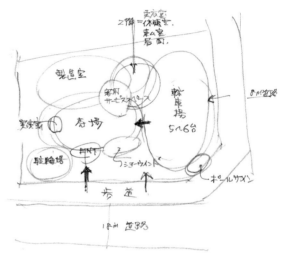
▲店舗施設計画

③1階スペースでは補助機能に当たる従業員室、ロッカー室、管理室は2階に確保する。
④販売形式の基本は対面販売である。その際にショーケースとともに（進物品の相談も多いので）カウンセリングカウンターを設ける。
⑤サービス機能として、遠方の客のために小上りの畳敷スペースをつくり、抹茶などを提供できる「おもてなし」サービスを実施する。
⑥これに合わせ、化粧室とトイレを併設した。
⑦なお、実演販売として、製造室でつくる工程を店頭で実施し、「ツクル」音と匂いを来店客に訴える販売方法を店内に演出するコーナーを設けた。
⑧店舗構成には、ショーウィンドウを設けた訴求機能を高めるディスプレイを施すようにする。
⑨和菓子店は包装する作業が多いので、このパッケージスペースを2か所設けるようにしたい。

Case Study 9 | 和菓子店

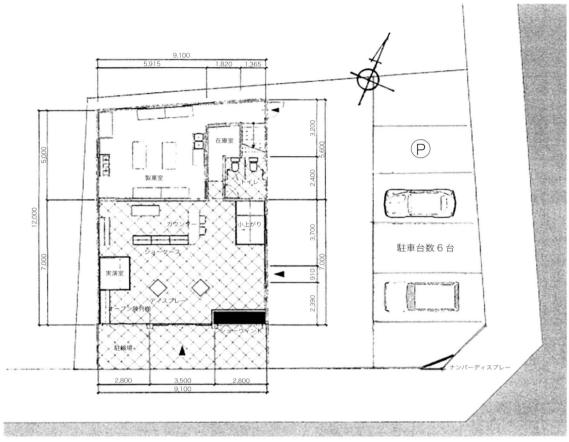

▲配置図

計画概要

敷地面積：317.92m²
建築面積：1F　111.93m²
　　　　　2F　 48.23m²
2階面積合計：　160.16m²

平面計画

- 敷地形状が角地になっており、駐車場を設ける計画になっている。そのために正面にメインのエントランスを配置し、駐車場側にサブエントランスを設ける。
- 店舗（売り場）はショーウィンドウを設け、季節感の訴求力を高めるようにし、焼き菓子用の実演室を設け、顧客へのアピールを演出するように設置する。
- 店内奥に畳敷きの小上りを設け、お茶のサービスをする。
- 遠距離の顧客もいるので、併設した化粧室（トイレ）を設け、サービス機能の充実を図る。
- 2階に従業員休憩室、ロッカー室、遊び場、管理室、宿直室などを設置する。

4.1章 物品販売業態の店舗設計 | 業種別店舗設計事例

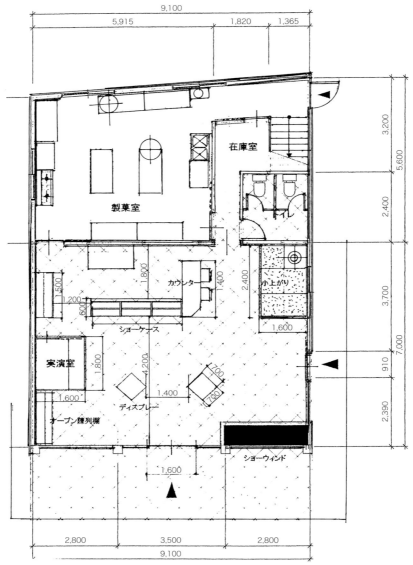

▲平面図

店舗デザイン上のポイント

- 外観は柱型を強調、木軸で仕上げ、ブラケット照明でアクセントをつけた。
- 腰は細かい木格子で和を表現した。
- 店内は、正面奥の座席には梅の花のフォトグラフパネルでイメージアップを図るようにした。
- 壁面は明るいクロス貼りで、少し明るいジュラク楚貼りとした。
- 天井は木目模様化粧板で船底天井仕上げとした。

▼展開図

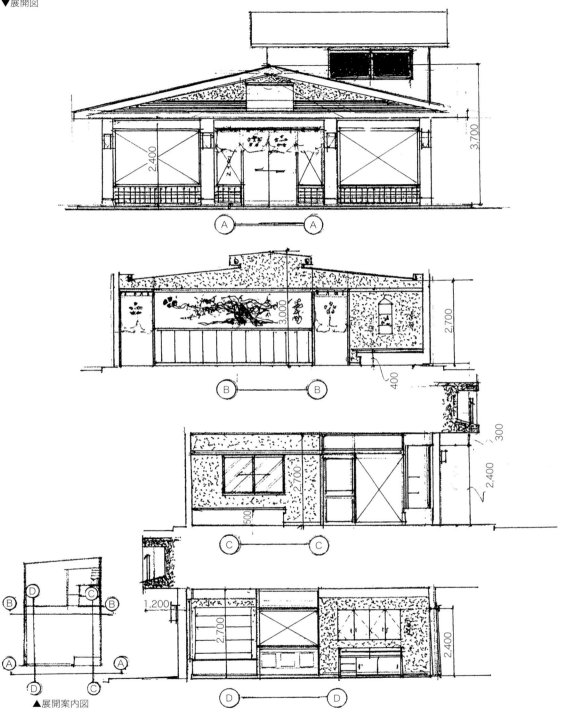

▲展開案内図

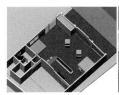

▲パース

● 梅の花和菓子店仕上げ表

床	塩ビ系ビニールタイル貼り（600×1,000×30）、一部小上り畳敷き
壁	ジュラク壁模様クロス貼り、一部腰化粧板張り
天井	船底天井、化粧板柾目柄仕上げ、一部クロス貼り
外部	モルタルジュラク仕上げ、床一部磁器タイル貼り

什器設計に当たっての留意点

・包装台

　和菓子店は進物品、引出物などが多く扱われるため、包装が重要な作業である。そのために作業上必要な備品（包装紙・のし紙・水引・ひも類・手提げ袋、その他細かい備品等）を収納したパッケージ台として、作業を容易にするためにも、十分な機能を有する設計デザインが要求されることに留意しておくことが必要である。

・ショーケース

　和菓子店では、原則としてショーケースを挟んで対面販売が行われる。商品のイメージとして高級感、重量感などが要求される（スタンダードな高さ900mm、奥行450mm）。高さ、奥行などがイメージアップにつながるので、什器設計デザインに当たっては、例えば腰を石張りやカラーガラスの下側からライトアップするなど、際立つような配慮が必要である。

Case Study 9 | 和菓子店

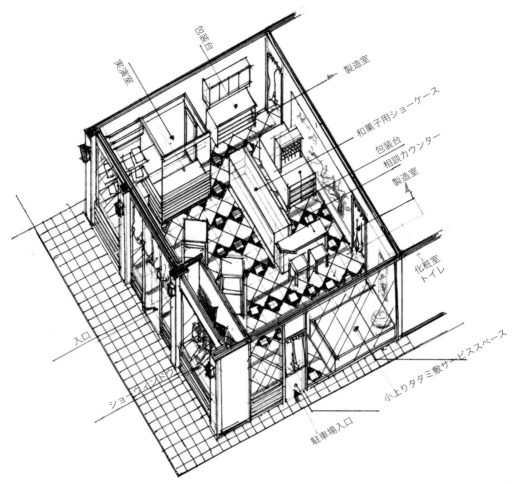

▲アイソメ図

照明計画

Ⓐベースライト（天井）は、柔らかさを出すために間接照明を採用し、全体の明るさを保つようにした。
Ⓔ天井周囲を間接照明で、LEDのテープライトを採用した。
ⒷⒸは木枠型で和風を強調する照明器具を採用した。
※店舗（売り場）以外の照明器具は割愛。

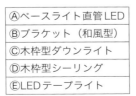

| Ⓐベースライト直管LED |
| Ⓑブラケット（和風型） |
| Ⓒ木枠型ダウンライト |
| Ⓓ木枠型シーリング |
| ⒺLEDテープライト |

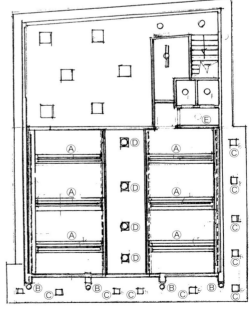

▲照明配置図

4. 商業施設（店舗）設計のアプローチと設計例

Case Study 10
洋菓子店

MOKA DOR

計画概要

計画類型：個店形態
所 在 地：東京都江東区北砂商店街
竣 工 年：2012年
計画面積：43.35m²

▌立地背景

　当該店は、都内江東区にある北砂商店街の中ほどに位置する洋菓子店である。この商店街は俗に言われる下町的様相を感じる大変に賑やかな街並みで、その業種、業態を見ると、鮮魚店・精肉店・青果店・揚物店・惣菜店・食料品店などが多数軒を連ねて販売をしている。ここに洋菓子の中でも生菓子を扱う店舗を経営する。なお、菓子の一般分類を以下に示した。

▌経営志向

　当店の経営者は洋菓子職人の出身で、自家製の洋菓子を販売する店舗である。特に、味覚・視覚を大切にするパティシエなので固定客も多く、上に挙げた商店街の中では少し奇譚さえ感じる店舗であるが、「落ち着いて、見て、選んで、買い物ができる雰囲気をつくりたい」という経営姿勢を映して、他店ではほぼオープン型の店舗販売形態を取っているが、当店ではクローズ型の店づくりを行っている。

　商品構成も洋生菓子が当然メインではあるが、店主が修得してきたドイツ菓子（クッキー）に力を入れており、ギフト菓子としても売上げ構成比の中でドイツ菓子が高いウェイトを占めている。

▌施設構成上の要望点

①製造室を併設することは当然といえる。店舗規模の関係で2階への設置を考えたが、作業動線上から無理があるとのことで、狭いながらも1階に設置することにした。
②ショーウィンドウを設置する。大型のデコレーションケーキを店舗訴求のポイントにしたい。イミテーションではなく、本物志向を置きたい。そのためにショーウィンドウ内は一定の温度を保つように冷蔵ウィンドウとし、ヨーロッパのように飾り窓的な、見せるタイプにしたい。
③クッキー商品のバラ売り用ディスプレイとギフト用パッケージディスプレイの両方ができるように、高級感を演出する一体型販売陳列棚としたい。
④今回のリニューアルで洋生菓子のアイテムを増

●菓子の一般分類

水分含量区分	製法・生地区分	主な製品
生菓子	スポンジケーキ類	ショートケーキ、ロールケーキ、トルテ、デコレーションケーキ
	バターケーキ類	パウンドケーキ、フルーツケーキ、バターケーキ、チーズケーキ、バウムクーヘン
	シュー菓子類	シュークリーム、エクレア、サントノーレ
	発酵菓子類	サバラン、ババ、ディニッシュペーストリー
	フィュタージュ類	タルト、タルトレット、ミルフィーユ、フラン、アップルパイ、シュトルーテル
	ワッフル類	ワッフル
	デザート菓子	パンケーキ、クレープ、プディング、ババロア、ゼリー、ムース、パルフェグラッセ
	料理菓子	ピザパイ、ミートパイ
半生菓子	スポンジケーキ類・バターケーキ類・発酵菓子類・タルト・タルトレット類の一部・砂糖漬類	
干菓子	キャンディー類	ドロップ、キャラメル、ヌガー、ボンボン、ゼリービーンズ
	チョコレート類	ソリッドチョコ、カバーリングチョコ
	チューインガム類	味ガム、風船ガム、キャンディーガム
	ビスケット類	ビスケット、クラッカー、プレッツェルウエハース、乾パン
	スナック類	ポテト系、コーン系、小麦粉系

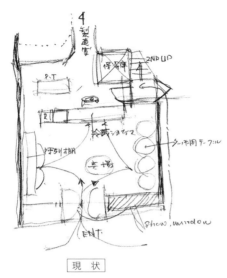
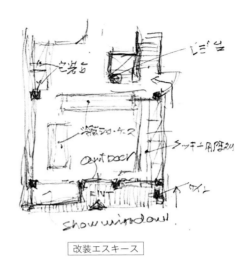

| 現　状 | 改装エスキース |

▲平面プランエスキース

やしたいので、冷蔵ショーケースの増設を図りたい。
⑤ストアイメージも他店と差別化でき、イメージアップも図れるデザインとしたい。

平面計画のエスキース

　店舗は木造建築物になっているが、耐震性に欠けるので、建物内部に鉄骨造のフレームで建物を支える措置を施した。そのため、壁厚が倍ぐらいの厚さになり、店舗面積が狭くなったが、これもオーナーの地震対策要望があったので安全を優先した。
①フロント構成：正面左側にショーウィンドウを設置し、エントランスは自動ドア（両引きタイプ）の形式を採用し、ウィンドウの奥行きだけフロントを下げ、右側をガラススクリーンで構成した。
②ファサードの意匠としては、オーナー側の希望もあり、焼レンガタイルの白目地で柱型などを覆う形態にした。上部には間口いっぱいにサインとして採用し、上部からライティングで店名切り文字を照らすようにした。

③店内は正面に冷蔵ショーケースを配し、右側に増設した冷蔵ショーケースを置き、左側にはクッキー用の陳列棚を配した。下部をストックスペースとして活用。バラ売りクッキーはオープン、ギフト商品は扉をつける構造にした。
④特にギフト商品などは、パッケージ作業が機能的でないと作業がスムーズにできないので、縛るテープを一体化させた包装台にした。同時にパッケージテーブルを大きくとったことも特徴といえる。

　当店の経営者は日曜画家でもあることから、自身が描いた絵を店内に掛け、来店客に眼でも楽しんでもらえるように、壁掛け用のレールをつけた。
　ショーウィンドウの機能を冷蔵式にする点が一番苦労した点である。冷蔵機器を腰の部分に収納し、ガラス面をメベ貼りとし一定温度を保つ技術を研究した点が大変な作業であった。

4.1章 物品販売業態の店舗設計 | 業種別店舗設計事例

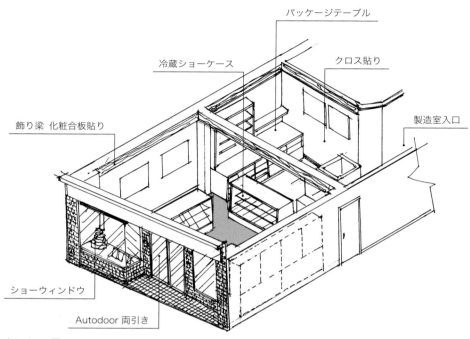

▲アイソメ図

照明計画

①外装看板。ダウンライトによるライティング。
②店頭およびショーウィンドウはLEDによるダウンライトを使用。
③店内はBOX型の照明とダウンライトの併用で、ベース照明を計画した。

▲看板イメージ

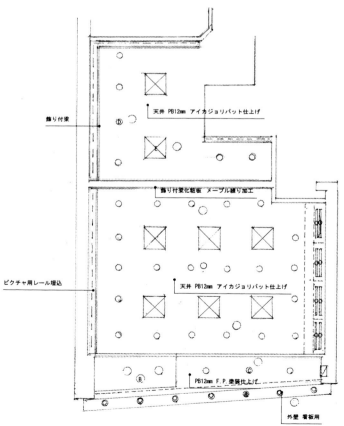

▶照明配置図および天井伏図

イメージ計画・仕上げ概要

〔外観部門〕

　ドイツクッキーが当店の目玉商品なので、店頭イメージにヨーロピアン風のデザインを取り入れた。

●仕上げ表

①柱型、ウィンドウの腰などレンガタイル貼り白目地仕上げとした。

②外装の欄間看板もセピア色に文字のフレームを白色とした。

③入り口の両サイドの柱型にブラケットで瀟洒な雰囲気を出すように考えた。

④店頭フロアは磁気タイル貼りとした。

〔店内部門〕

　天井廻縁をなす部分に30cm幅の飾り梁を付け重厚感をとり、これと合わせるようにクッキー用陳列棚および販売台をウォールナットとゴールドの目地をあしらい、少し高級感を演出してみた。

　陳列棚の奥突き辺りに大きなミラーを設け、奥行き感を出すようにあしらってみた。

●仕上げ表

①床は塩ビ系タイル、淡いセピア系のカラーとした。

②壁面は全体的にアイボリー色のクロス貼りとした。

③天井はクロス貼り、飾り梁は奥の部分まで設置した。

▲ショーウィンドウとフロント部分

▲クッキー用販売台および陳列棚

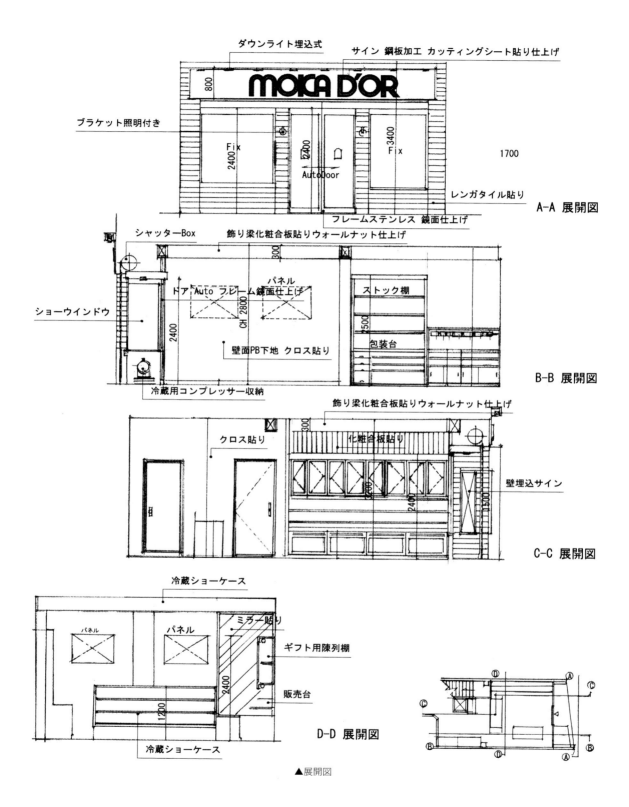
▲展開図

Case Study 10　洋菓子店

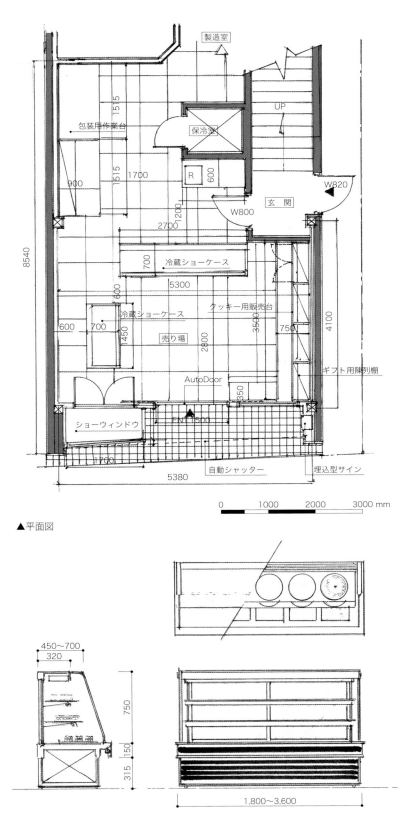

▲平面図

▲生洋菓子用冷蔵ショーケース詳細図

4. 商業施設（店舗）設計のアプローチと設計例

Case Study 11

フラワーショップ

FLOWER SHOP Bloom Room

計画概要

計画類型：テナント出店型
所 在 地：東京都郊外の私鉄駅周辺
竣 工 年：――
計画面積：47.8m²

経営と市場環境を知っておこう

「フラワーショップ」とは一般的な表現であり、日本標準産業分類（総務省）では「花き小売業」と分類されている。

「花き」とは、切り花、切り葉、切り枝、球根、鉢物、花き苗、芝、植木など鑑賞用で美観の創出ないし、維持または緑化などに供する植物を言う。つまり、これらの植物等を販売する小売業態がフラワーショップである。

花き等取扱い小売業（スーパーマーケット、ホームセンターを含む）は、約40,000店（2007年）で、年間販売額は約8,000億円である。

花き専門小売業（フラワーショップ）としては、約25,500店舗で、販売額は5,500億円程度である。全体としては、スーパーマーケットやホームセンターにおける販売額が急増して、個人経営や中小企業が多い花き専門小売業は店舗数、販売額ともやや減少傾向にある。

消費動向

- 切り花の消費は、平成の初期は家庭用などの店頭販売が増加傾向にあったが、2000年前後をピークに横ばいから下降傾向である。
- 切り花、園芸品・園芸用品の1世帯当たり購入金額は減少傾向にあったものの、近年は横ばいである。
- 切り花、園芸品・園芸用品を1年間に1度も購入したことのない世帯の割合は各々6割と7割である。
- 購入者は、日持ちのよい切り花や手頃な価格の花きを求める一方で、花の色や種類を指定するなど、そのニーズは多様化している。

花き小売業企業の売上ランキング（2016年）

1位：日比谷花壇（約200店舗、約213億円）
2位：青山フラワーマーケット（約102店舗、約74億円）
3位：第一園芸（約20店舗、約55億円）

立地条件

当フラワーショップの立地は、東京郊外の私鉄駅から徒歩5分程度の、女性（OL等）に人気のエリアで、住宅と商業が混在する場所にある。

当店舗は個人経営のフラワーショップで、店舗併用住宅である。1階にはオーナーの経営する店とテナント、2階はオーナーの住居という構成である。

延べ床面積	769.4m²(232.7坪)
1階	382.6m²(115.7坪)
2階	386.8m²(117.1坪)

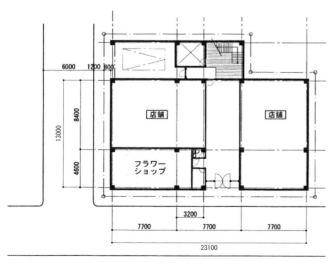
▲配置図

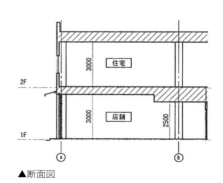
▲断面図

Case Study 8 | ベーカリー＆カフェ

タイルで回遊性を持たせ、左側に設置したカフェへの入口とレジを利用しやすいようにレイアウトをした。

店舗のイメージデザイン

ファサードはガラス面を多くしてオープンにし、外壁はレンガタイルとモールディングで仕上げ、ヨーロッパ風のイメージとした。

店内も壁面はスタッコ調のクロス仕上げに一部レンガタイル貼りとした。木部はオーク調の木目で統一し、天井はスタッコの「ひねり」を入れた仕上げで、ヨーロッパ風のイメージとした。

天井の回り縁部分に飾り梁を配し、その中にLED照明の間接型を取り入れた。

一方、カフェはイメージを変え、ホワイトを基調とした北欧風のモダンで明るく爽やかな店内を計画した。

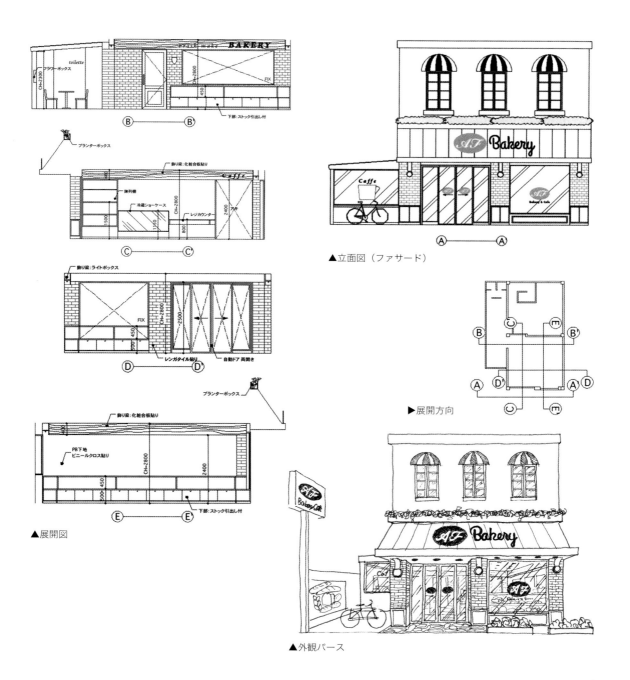

▲展開図

▲立面図（ファサード）

▶展開方向

▲外観パース

4. 商業施設（店舗）設計のアプローチと設計例

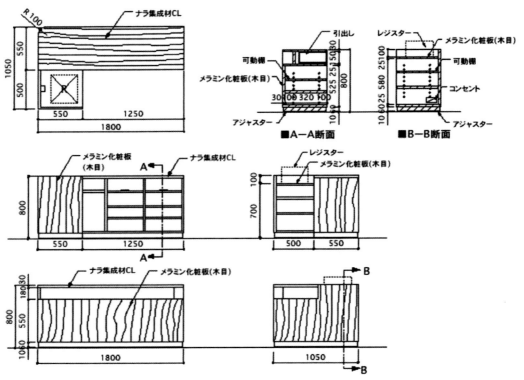

▲カウンター什器詳細図

陳列什器の機能

　壁面回りの販売台は2段の棚に止め、高さも90cm程度に収めた。また、洋生菓子も自家製がつくれるので、冷蔵ショーケースを配置して、従業員がレジスターと兼用できるように併設してレイアウトした。中央のゴンドラも高さを同等にした。特に、上段にフランスパンなどカゴに入れると30～40cmの高さになるので、ボリューム感が出る。

照明計画

　全体的にはランニングコストを考慮し、LED照明を取り入れた。

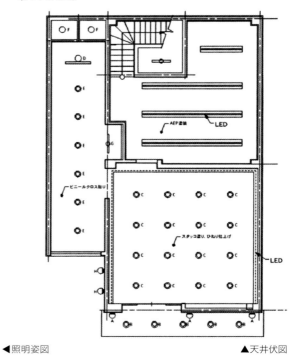

A ファサード／ブラケット	B ファサード／ダウン	C ショップ／ダウン
D 化粧コーナー	E カフェ／ダウン	F トイレ／シーリング
G ドリンクコーナー	H 駐輪場／スポット	

◀照明姿図　　　▲天井伏図

製パン室は昼白色のLED照明、売り場は電球色のLED照明として、落ち着いた雰囲気を演出した。また、天井の回り縁部分に飾り梁を配し、その中にLED照明の間接型を取り入れた。

オープンカフェもLED照明を用い、落ち着いた雰囲気を演出した。

設計上の法的規制

菓子製造業許可の取得のために求められる施設基準（東京都の基準）は以下のとおりである。
①床は耐水性で、清掃しやすい構造であること（ただし、水を使用しない場所は、厚板を使用することができる）。
②内壁は高さ1mまで耐水性で、清掃しやすい構造であること（ただし、水を使用しない場所は、この限りでない）。
③ねずみや昆虫の侵入を防ぐ設備を備えていること。
④換気設備を備えていること。
⑤施設の明るさは、50ルクス以上とすること。
⑥流水式洗浄設備を備えていること。
⑦流水受槽式手洗い設備と手指の消毒装置を備えていること。
⑧従業員用のトイレと流水受槽式手洗い設備、手指の消毒装置を設けること。
⑨従業員の数に応じた更衣室または更衣箱を作業場外に設けること。
⑩施設は作業区分ごとに区画すること。
⑪作業場外に原料倉庫を設けること。
⑫製造量に応じた数および能力のある焼き釜、蒸し器その他の必要な機械器具類を設けること。
⑬必要に応じて冷蔵設備を設けること。

CI計画

経営戦力の一環としてCI計画を行い、ロゴマークからサイン計画、ショップカード、ポスター、チラシ、パッケージデザインまでをトータルでデザインし、店舗のイメージ統一を図り、店舗の認知度をアップさせる。

また、店舗のホームページやSNSを利用した情報発信を行い、若い顧客の認知度を上げ、遠方からの顧客の確保にも努める。

パン・メニュー構成

基本的に、ベーカリーとしては、何といっても食事用のパンに魅力がなければ顧客の固定化やリピート客を増やすことにはならないことを意識しておくべきである。

食の安全性に関心が高い客層を意識し、国産小麦や天然酵母を用いた食パンやフランスパンを中心に、毎日食べても飽きない食事用のパンで常連客を確保するとともに、話題になるような、どこにも負けないオリジナル商品を開発することを忘れてはならない。

SNSに投稿したくなるような写真映えする商品や、季節に応じた新商品の開発も重要になる。
- 食パン系
- フランスパン系
- デニッシュ系
- ドイツパン系
- テーブルパン系
- 菓子パン系
- ドーナッツ揚げパン系
- 調理パン系
- その他

パン製造室の機器を知っておこう

機器メーカーによって型状や寸法が異なるが、製造に当たって使用する製パン用機器を紹介しておこう。
①オーブン：この機器には電気式とガス式とがある。パン仕上げによってはスチームを発生する機能が必要。
②ミキサー：パン生地をこねる機械。
③ホイロ：パン生地を発酵させる機器。
④リバースシート：パン生地をのばす機械。
⑤フライヤー：揚げパンを作る機器。
⑥シンク：流し。二槽型が必要。同時に手洗い場を別途に設置すること。

▲ロゴ

Case Study 9
和菓子店

菓子処 梅の花

計画概要

計画類型：ロードサイド型
所 在 地：県庁所在地（人口20万人地方都市）
竣 工 年：――
計画面積：160.16m²

計画立地環境の概要

当該計画地は県庁所在地で、人口は20万人を超える地方都市である。周知のごとく、中心市街地は以前は繁華な商店街であったが、モータリゼーションの時代にその対応ができないまま衰退し、残念ながらシャッター通りと言われる商店街になってしまった。今や街の中心地は郊外に移行し、その流れは加速しているのが現状である。

マーケティングの転換

経営方針の転換の第一義は、顧客動向すなわち買物行動の主流となるマイカー族の利便性を考慮する施策を取り入れること。そのためには駐車場・駐輪場を設け、容易に買い物をしていただくためのスペースの確保が必要と考えた。

以前より自家製の和菓子屋として経営をしてきたので、これを踏襲する経営を進める。よって売り場と製造室を合併することで、おいしさ、新鮮さを売り物にしたい。同時に客単価を上げるために、ギフト商品の開発、新しい商品の開発、その前提となる市場環境の1つは「梅」で有名な都市なので、梅最中、梅饅頭、梅ゴーフル、大人向けに梅酒入りチョコレートボンボンなど店頭販売と併せネット販売を実施する積極的なマーケティングを押し進めていく方針である。

▲ロゴ

店舗施設計画の考え方

①前項でも述べたようにロードサイド型なので駐車場、駐輪場を確保することが第一である。敷地面積の問題もあり、台数も5～6台程度になる。
②自家製なので、製造室と売り場とを併設させるレイアウトが前提となる。

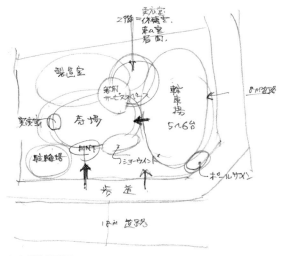
▲店舗施設計画

③1階スペースでは補助機能に当たる従業員室、ロッカー室、管理室は2階に確保する。
④販売形式の基本は対面販売である。その際にショーケースとともに（進物品の相談も多いので）カウンセリングカウンターを設ける。
⑤サービス機能として、遠方の客のために小上りの畳敷スペースをつくり、抹茶などを提供できる「おもてなし」サービスを実施する。
⑥これに合わせ、化粧室とトイレを併設した。
⑦なお、実演販売として、製造室でつくる工程を店頭で実施し、「ツクル」音と匂いを来店客に訴える販売方法を店内に演出するコーナーを設けた。
⑧店舗構成には、ショーウィンドウを設けた訴求機能を高めるディスプレイを施すようにする。
⑨和菓子店は包装する作業が多いので、このパッケージスペースを2か所設けるようにしたい。

Case Study 9 | 和菓子店

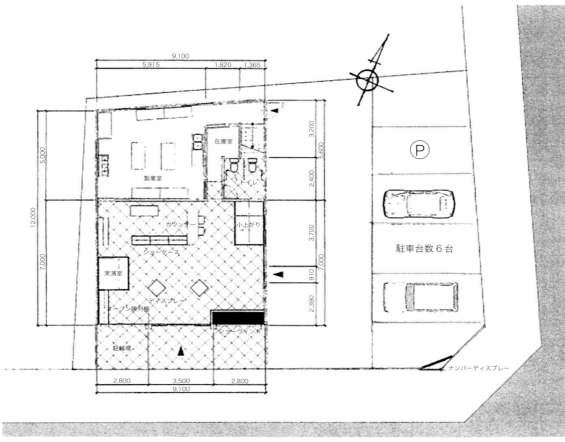

▲配置図

計画概要

敷地面積：317.92m²
建築面積：1F　111.93m²
　　　　　2F　　48.23m²
2階面積合計：160.16m²

平面計画

- 敷地形状が角地になっており、駐車場を設ける計画になっている。そのために正面にメインのエントランスを配置し、駐車場側にサブエントランスを設ける。
- 店舗（売り場）はショーウィンドウを設け、季節感の訴求力を高めるようにし、焼き菓子用の実演室を設け、顧客へのアピールを演出するように設置する。
- 店内奥に畳敷きの小上りを設け、お茶のサービスをする。
- 遠距離の顧客もいるので、併設した化粧室（トイレ）を設け、サービス機能の充実を図る。
- 2階に従業員休憩室、ロッカー室、遊び場、管理室、宿直室などを設置する。

4. 商業施設（店舗）設計のアプローチと設計例 | 085

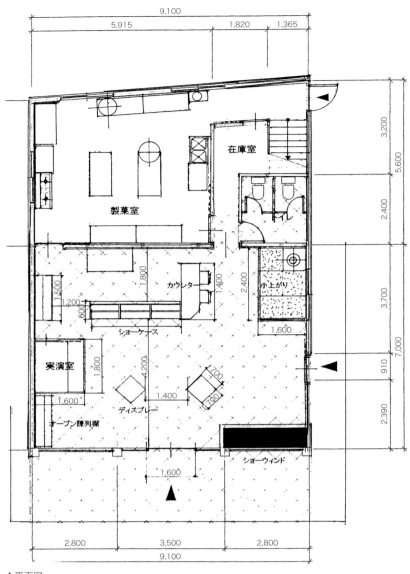

▲平面図

■ 店舗デザイン上のポイント

- 外観は柱型を強調、木軸で仕上げ、ブラケット照明でアクセントをつけた。
- 腰は細かい木格子で和を表現した。
- 店内は、正面奥の座席には梅の花のフォトグラフパネルでイメージアップを図るようにした。
- 壁面は明るいクロス貼りで、少し明るいジュラク楚貼りとした。
- 天井は木目模様化粧板で船底天井仕上げとした。

Case Study 9 | 和菓子店

▼展開図

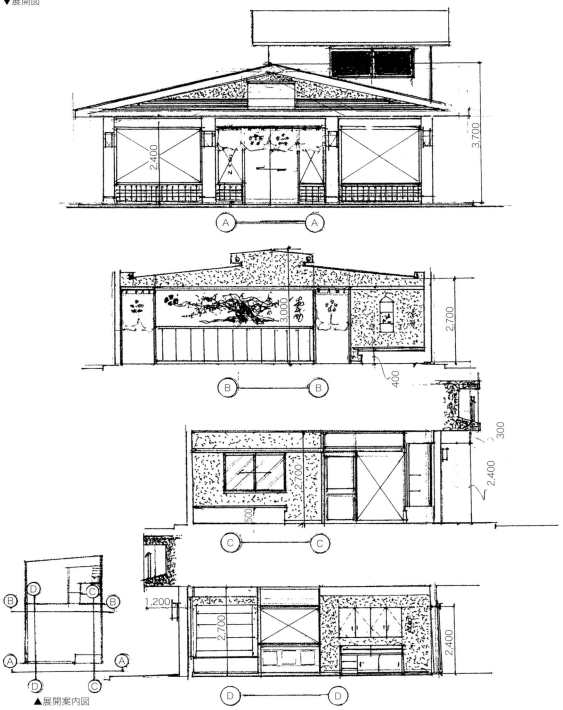

▲展開案内図

4. 商業施設（店舗）設計のアプローチと設計例

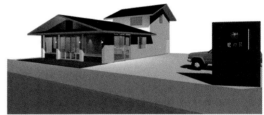

▲パース

● 梅の花和菓子店仕上げ表

床	塩ビ系ビニールタイル貼り（600×1,000×30）、一部小上り畳敷き
壁	ジュラク壁模様クロス貼り、一部腰化粧板張り
天井	船底天井、化粧板柾目柄仕上げ、一部クロス貼り
外部	モルタルジュラク仕上げ、床一部磁器タイル貼り

什器設計に当たっての留意点

・包装台

　和菓子店は進物品、引出物などが多く扱われるため、包装が重要な作業である。そのために作業上必要な備品（包装紙・のし紙・水引・ひも類・手提げ袋、その他細かい備品等）を収納したパッケージ台として、作業を容易にするためにも、十分な機能を有する設計デザインが要求されることに留意しておくことが必要である。

・ショーケース

　和菓子店では、原則としてショーケースを挟んで対面販売が行われる。商品のイメージとして高級感、重量感などが要求される（スタンダードな高さ900mm、奥行450mm）。高さ、奥行などがイメージアップにつながるので、什器設計デザインに当たっては、例えば腰を石張りやカラーガラスの下側からライトアップするなど、際立つような配慮が必要である。

Case Study 9 | 和菓子店

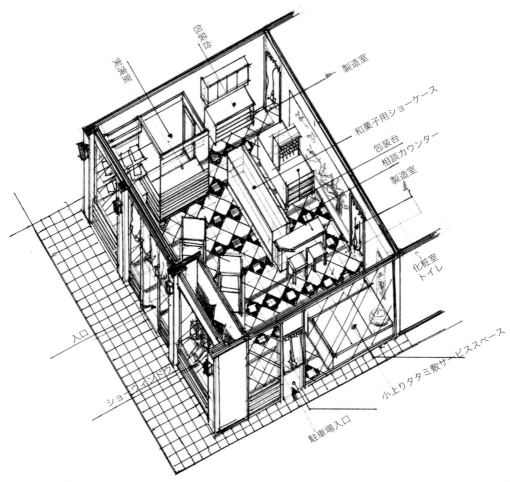

▲アイソメ図

照明計画

Ⓐベースライト(天井)は、柔らかさを出すために間接照明を採用し、全体の明るさを保つようにした。
Ⓔ天井周囲を間接照明で、LEDのテープライトを採用した。
ⒷⒸは木枠型で和風を強調する照明器具を採用した。
※店舗(売り場)以外の照明器具は割愛。

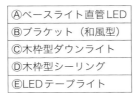

| Ⓐベースライト直管LED |
| Ⓑブラケット(和風型) |
| Ⓒ木枠型ダウンライト |
| Ⓓ木枠型シーリング |
| ⒺLEDテープライト |

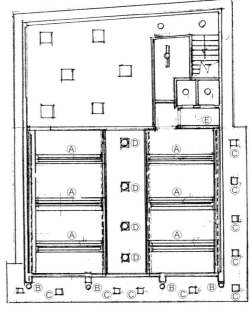

▲照明配置図

4. 商業施設(店舗)設計のアプローチと設計例

Case Study 10 洋菓子店

MOKA DOR

計画概要

計画類型：個店形態
所 在 地：東京都江東区北砂商店街
竣 工 年：2012年
計画面積：43.35m²

立地背景

当該店は、都内江東区にある北砂商店街の中ほどに位置する洋菓子店である。この商店街は俗に言われる下町的様相を感じる大変に賑やかな街並みで、その業種、業態を見ると、鮮魚店・精肉店・青果店・揚物店・惣菜店・食料品店などが多数軒を連ねて販売をしている。ここに洋菓子の中でも生菓子を扱う店舗を経営する。なお、菓子の一般分類を以下に示した。

経営志向

当店の経営者は洋菓子職人の出身で、自家製の洋菓子を販売する店舗である。特に、味覚・視覚を大切にするパティシエなので固定客も多く、上に挙げた商店街の中では少し奇譚さえ感じる店舗であるが、「落ち着いて、見て、選んで、買い物ができる雰囲気をつくりたい」という経営姿勢を映して、他店ではほぼオープン型の店舗販売形態を取っているが、当店ではクローズ型の店づくりを行っている。

商品構成も洋生菓子が当然メインではあるが、店主が修得してきたドイツ菓子（クッキー）に力を入れており、ギフト菓子としても売上げ構成比の中でドイツ菓子が高いウェイトを占めている。

施設構成上の要望点

①製造室を併設することは当然といえる。店舗規模の関係で2階への設置を考えたが、作業動線上から無理があるとのことで、狭いながらも1階に設置することにした。

②ショーウィンドウを設置する。大型のデコレーションケーキを店舗訴求のポイントにしたい。イミテーションではなく、本物志向を置きたい。そのためにショーウィンドウ内は一定の温度を保つように冷蔵ウィンドウとし、ヨーロッパのように飾り窓的な、見せるタイプにしたい。

③クッキー商品のバラ売り用ディスプレイとギフト用パッケージディスプレイの両方ができるように、高級感を演出する一体型販売陳列棚としたい。

④今回のリニューアルで洋生菓子のアイテムを増

● 菓子の一般分類

水分含量区分	製法・生地区分	主な製品
生菓子	スポンジケーキ類	ショートケーキ、ロールケーキ、トルテ、デコレーションケーキ
	バターケーキ類	パウンドケーキ、フルーツケーキ、バターケーキ、チーズケーキ、バウムクーヘン
	シュー菓子類	シュークリーム、エクレア、サントノーレ
	発酵菓子類	サバラン、ババ、ディニッシュペーストリー
	フィュタージュ類	タルト、タルトレット、ミルフィーユ、フラン、アップルパイ、シュトルーテル
	ワッフル類	ワッフル
	デザート菓子	パンケーキ、クレープ、プディング、ババロア、ゼリー、ムース、パルフェグラッセ
	料理菓子	ピザパイ、ミートパイ
半生菓子	スポンジケーキ類・バターケーキ類・発酵菓子類・タルト・タルトレット類の一部・砂糖漬類	
干菓子	キャンディー類	ドロップ、キャラメル、ヌガー、ボンボン、ゼリービーンズ
	チョコレート類	ソリッドチョコ、カバーリングチョコ
	チューインガム類	味ガム、風船ガム、キャンディーガム
	ビスケット類	ビスケット、クラッカー、プレッツェルウエハース、乾パン
	スナック類	ポテト系、コーン系、小麦粉系

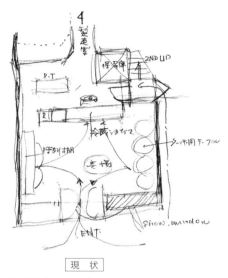
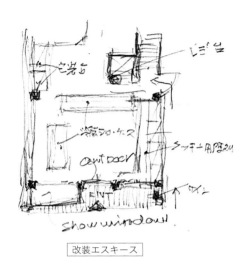

▲平面プランエスキース

やしたいので、冷蔵ショーケースの増設を図りたい。
⑤ストアイメージも他店と差別化でき、イメージアップも図れるデザインとしたい。

平面計画のエスキース

店舗は木造建築物になっているが、耐震性に欠けるので、建物内部に鉄骨造のフレームで建物を支える措置を施した。そのため、壁厚が倍ぐらいの厚さになり、店舗面積が狭くなったが、これもオーナーの地震対策要望があったので安全を優先した。

①フロント構成：正面左側にショーウィンドウを設置し、エントランスは自動ドア（両引きタイプ）の形式を採用し、ウィンドウの奥行きだけフロントを下げ、右側をガラススクリーンで構成した。

②ファサードの意匠としては、オーナー側の希望もあり、焼レンガタイルの白目地で柱型などを覆う形態にした。上部には間口いっぱいにサインとして採用し、上部からライティングで店名切り文字を照らすようにした。

③店内は正面に冷蔵ショーケースを配し、右側に増設した冷蔵ショーケースを置き、左側にはクッキー用の陳列棚を配した。下部をストックスペースとして活用。バラ売りクッキーはオープン、ギフト商品は扉をつける構造にした。

④特にギフト商品などは、パッケージ作業が機能的でないと作業がスムーズにできないので、縛るテープを一体化させた包装台にした。同時にパッケージテーブルを大きくとったことも特徴といえる。

当店の経営者は日曜画家でもあることから、自身が描いた絵を店内に掛け、来店客に眼でも楽しんでもらえるように、壁掛け用のレールをつけた。

ショーウィンドウの機能を冷蔵式にする点が一番苦労した点である。冷蔵機器を腰の部分に収納し、ガラス面をメベ貼りとし一定温度を保つ技術を研究した点が大変な作業であった。

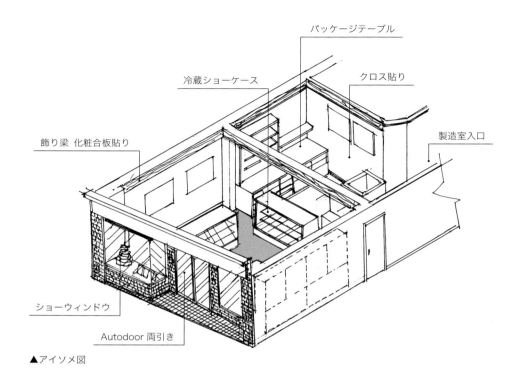

▲アイソメ図

照明計画
① 外装看板。ダウンライトによるライティング。
② 店頭およびショーウィンドウはLEDによるダウンライトを使用。
③ 店内はBOX型の照明とダウンライトの併用で、ベース照明を計画した。

▲看板イメージ

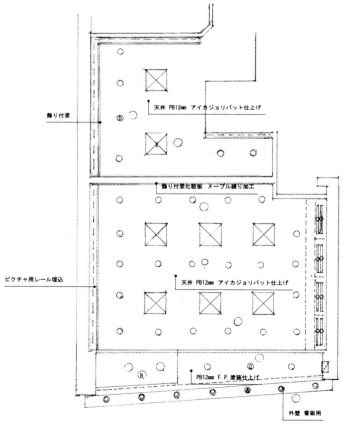

▶照明配置図および天井伏図

イメージ計画・仕上げ概要

〔外観部門〕

　ドイツクッキーが当店の目玉商品なので、店頭イメージにヨーロピアン風のデザインを取り入れた。

●仕上げ表

①柱型、ウィンドウの腰などレンガタイル貼り白目地仕上げとした。

②外装の欄間看板もセピア色に文字のフレームを白色とした。

③入り口の両サイドの柱型にブラケットで瀟洒な雰囲気を出すように考えた。

④店頭フロアは磁気タイル貼りとした。

〔店内部門〕

　天井廻縁をなす部分に30cm幅の飾り梁を付け重厚感をとり、これと合わせるようにクッキー用陳列棚および販売台をウォールナットとゴールドの目地をあしらい、少し高級感を演出してみた。

　陳列棚の奥突き辺りに大きなミラーを設け、奥行き感を出すようにあしらってみた。

●仕上げ表

①床は塩ビ系タイル、淡いセピア系のカラーとした。

②壁面は全体的にアイボリー色のクロス貼りとした。

③天井はクロス貼り、飾り梁は奥の部分まで設置した。

▲ショーウィンドウとフロント部分

▲クッキー用販売台および陳列棚

4.1章 物品販売業態の店舗設計　業種別店舗設計事例

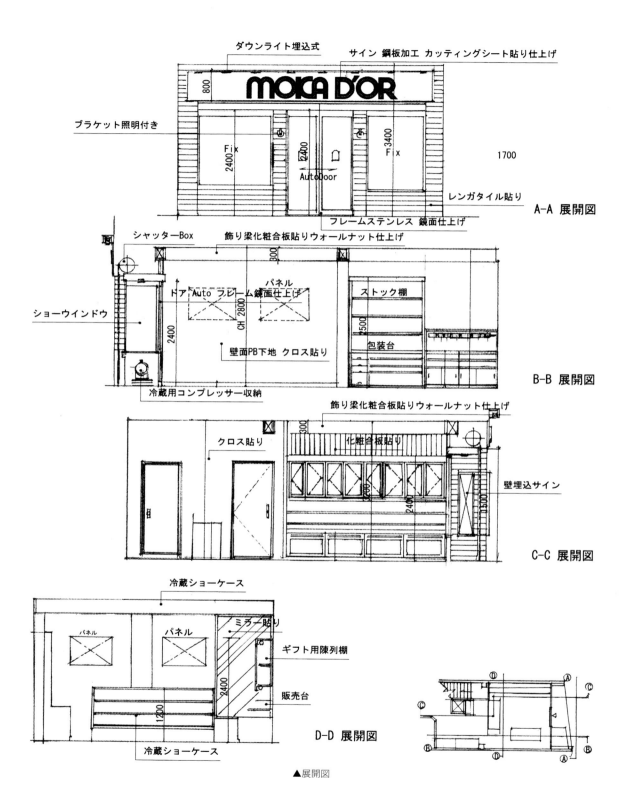

▲展開図

Case Study 10　洋菓子店

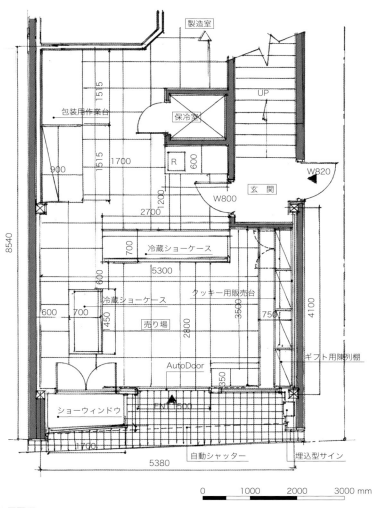

▲平面図

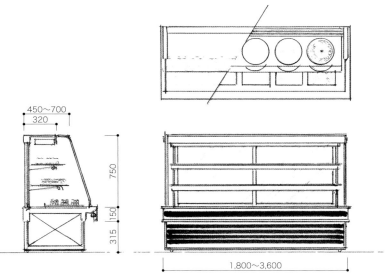

▲生洋菓子用冷蔵ショーケース詳細図

4. 商業施設(店舗)設計のアプローチと設計例　095

Case Study 11

フラワーショップ

FLOWER SHOP Bloom Room

計画概要

計画類型：テナント出店型
所 在 地：東京都郊外の私鉄駅周辺
竣 工 年：――
計画面積：47.8m²

経営と市場環境を知っておこう

「フラワーショップ」とは一般的な表現であり、日本標準産業分類（総務省）では「花き小売業」と分類されている。

「花き」とは、切り花、切り葉、切り枝、球根、鉢物、花き苗、芝、植木など鑑賞用で美観の創出ないし、維持または緑化などに供する植物を言う。つまり、これらの植物等を販売する小売業態がフラワーショップである。

花き等取扱い小売業（スーパーマーケット、ホームセンターを含む）は、約40,000店（2007年）で、年間販売額は約8,000億円である。

花き専門小売業（フラワーショップ）としては、約25,500店舗で、販売額は5,500億円程度である。全体としては、スーパーマーケットやホームセンターにおける販売額が急増して、個人経営や中小企業が多い花き専門小売業は店舗数、販売額ともやや減少傾向にある。

消費動向
- 切り花の消費は、平成の初期は家庭用などの店頭販売が増加傾向にあったが、2000年前後をピークに横ばいから下降傾向である。
- 切り花、園芸品・園芸用品の1世帯当たり購入金額は減少傾向にあったものの、近年は横ばいである。
- 切り花、園芸品・園芸用品を1年間に1度も購入したことのない世帯の割合は各々6割と7割である。
- 購入者は、日持ちのよい切り花や手頃な価格の花きを求める一方で、花の色や種類を指定するなど、そのニーズは多様化している。

花き小売業企業の売上ランキング（2016年）
1位：日比谷花壇（約200店舗、約213億円）
2位：青山フラワーマーケット（約102店舗、約74億円）
3位：第一園芸（約20店舗、約55億円）

立地条件

当フラワーショップの立地は、東京郊外の私鉄駅から徒歩5分程度の、女性（OL等）に人気のエリアで、住宅と商業が混在する場所にある。

当店舗は個人経営のフラワーショップで、店舗併用住宅である。1階にはオーナーの経営する店とテナント、2階はオーナーの住居という構成である。

延べ床面積	769.4m²(232.7坪)
1階	382.6m²(115.7坪)
2階	386.8m²(117.1坪)

▲配置図

▲断面図

施設構成

フラワーショップは、単に花きだけを販売するのではなく、場所柄、主婦やOLを対象とするアレンジやリースなどの教室機能(ワークスペース)を併設し、花をくらしに取り込み、花きにより、「心の豊かさ」「ゆとりあるライフスタイル」を提案する店舗をコンセプトとしている。

部位別施設構成

①導入部＜ガラス面＞：テンパー片引きドア、アルミサッシガラスFix、出力シートサイン。
②導入部＜スライドカーテン面＞：スライドカーテン、外壁にLED内蔵の店名サインボックス。
＊導入部には2面とも、店名入オーニング取り付け。
＊エントランス床には、デッキプレート。
③売り場：フラワーポット台(三段冷蔵機能付き)、フラワーキーパー、陳列台、陳列丸テーブル、レジおよび包装台、ラッピング陳列棚。
④バックヤード部：ワークテーブル、椅子、棚、加工用流しおよび作業台、用具フックパネル。

各部門のセクションレイアウト

フラワーショップは、個人経営などの中小型店舗が多く、したがって売場面積も小さい店が多い。いかに花きの種類や季節感を訴求するかがポイントである。
①角地の区画条件を活かし、開放感のある店舗づくりを基本とし、入りやすく、店内の商品を見渡せるように構成した。
②エントランスは2か所設定し、長手方向の入口は、折戸により営業時は全面開放とした。一方

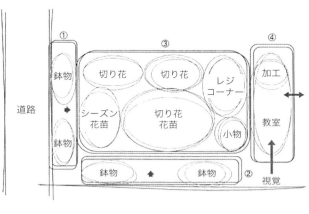

▲施設構成イメージ

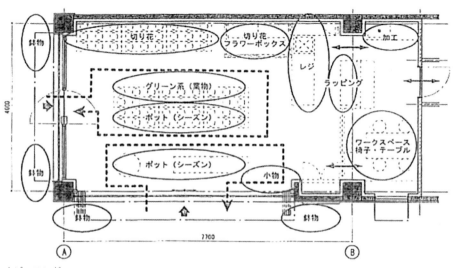

▲ゾーニング

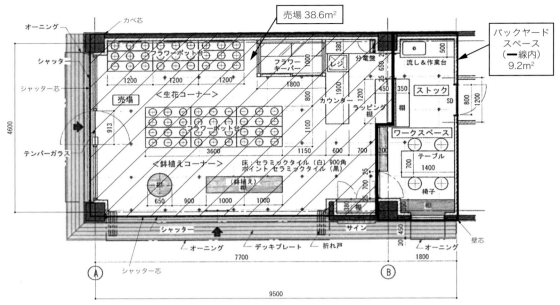

▲平面図

の入口は、ガラス面によるやはり開放性を重視した。

③エントランスまわりの外部には、デッキプレートを張り、観葉植物の木もの鉢植えコーナーとした。

④生花（切り花）用には、冷蔵機能のある多段棚やフラワーキーパーで構成。苗（ポット）やミニ観葉植物等は中央什器を中心に展開した。

⑤この店舗では、アレンジ教室などのワークショップを開催するため、バックヤードに作業テーブルや椅子等を設置。外部には、ガラス開口窓により作業風景が訴求できるレイアウトとした。

▲イメージパース

Case Study 11 | フラワーショップ

計画概要
店舗面積：47.8m² (14.2坪)
売場：38.6m² (11.7坪)
バックヤード：9.2m² (2.8坪)

平面計画上の留意点

店舗設計に当たっては、オーナーの店舗併用住宅のため、建築設計時にオーナーの意向は建築にかなり反映され、条件的には理想的な店舗空間ができている。

① 購買動機を意識して、商品をカテゴリー別に配置し、回遊動線によりレジに行きやすい構成を重視した。

② レジコーナー背面は、ギフト等の包装紙やリボン等を選択できる棚で構成。また、生花等のアレンジ加工のためのシンク機能も、レジそばで動けるバックヤード内に設置した。

③ バックヤード機能内のあるワークショップコーナーも、店内側だけでなくテナント側にも入口を設置した。

主たる展開図

造作的な要素よりも、機能を重視した花きの陳列を考慮した構成でよい。カウンターまわりは作業がしやすく、機能的な展開を重視している。

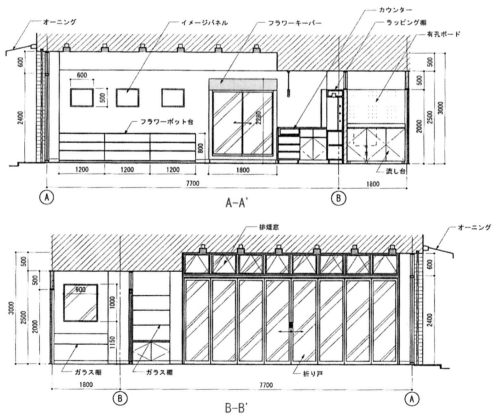

▲断面展開図

照明計画

①照明計画はすべてLED照明を採用して、ランニングコストの軽減を図っている。
②照明計画のポイントとしては、色温度を重視し、生花等の自然の色彩を鮮やかに表現するために、温白色を中心に3,500Kを基本としている。
③店内の明るさは、800〜1,000ルクスを基本としている。
④店内中央部の天井は、折り上げのラインを設定し、天井面の照明効果とLED光源（ダウンライト）が見えにくい演出照明の効果も考慮した。

フラワーポット台

一般的には、非冷式のものも使われているが、ロスを考慮すると、冷蔵機能のものが使用されている。

天井演出

壁面とカウンターまわりは天井高を抑え（CH2,500）、店内中央部は（CH3,000）照明スリットボックスにより、内部を黒で演出している。

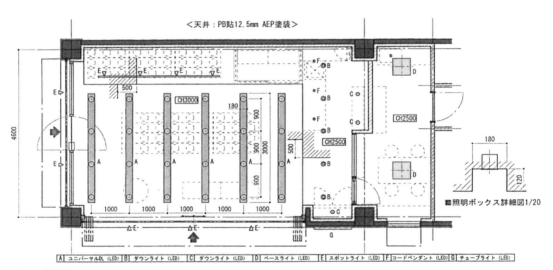

▲照明計画図

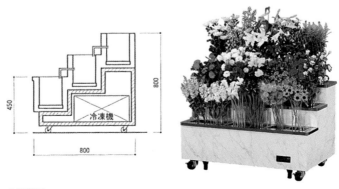

▲什器図

Case Study 11 | フラワーショップ

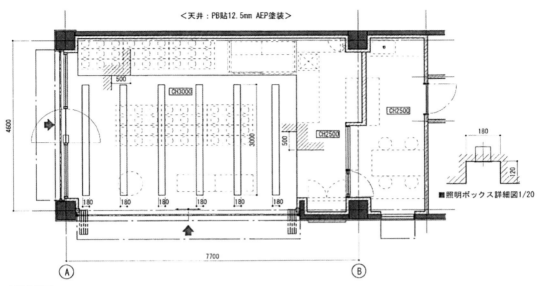

▲天井伏図

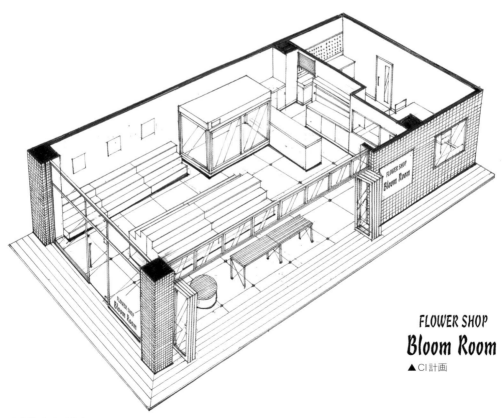

FLOWER SHOP
Bloom Room
▲CI計画

▲鳥瞰イメージパース

4. 商業施設(店舗)設計のアプローチと設計例 | 101

Case Study 12

コンビニエンスストア

計画概要

計画類型：ロードサイド型
所 在 地：首都圏近郊住宅地
竣 工 年：――
計画面積：930m²

経営と市場環境

日本初のコンビニエンスストア（以下、CVS）は、一般的には1971年7月11日開店の愛知県春日井市のタックメイト藤山台店とされている。また、「コンビニエンスストア」という名称を広めたセブンイレブンは、1974（昭和49）年5月15日に東京都江東区に第1号店「豊洲店」を出店している。現在、日本全国でCVSの店舗数は54,882となっている[*1]。

業界全体の売り上げは鈍化しているものの、店舗数は2%程度の増加傾向にあり、大手の統廃合が続いている。

立地条件の種別から
①宅地に隣接した市場立地型
②鉄道沿線の駅周辺の立地型
③ビジネスマンやOLを顧客にもつオフィス立地型
④ロードサイド型
のCVS店舗に分類される。本事例では、①と④の複合型立地、すなわち住宅地に近接したロードサイド型のCVS店舗の計画である。

当該店舗周辺は人の流れが比較的多く、後背に住宅地があり、高等学校の通学路となっており、前面道路の通行量も一般道路としては多いと言える。

商圏は半径400m程度（徒歩5分圏）の500〜800世帯を対象と考えることができる。

*1　日本フランチャイズチェーン協会、2017年5月22日（月）16:00発表、JAFコンビニエンスストア統計調査数月報。

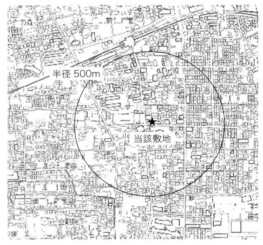

▲半径500mの商圏

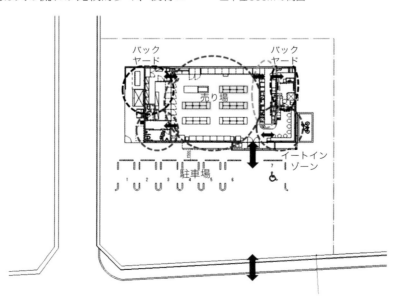

▲ゾーニング

立地条件

当該CVSは、首都圏近郊の住宅地に近接したロードサイド型の路面店である。周辺にはファミリータイプのマンションも並び、一般道として交通量も見込める。道路幅員は12mで、歩道も街路を含め、整備が進んでいる。

用途地域はCVSが建築可能な第一種中高層住居専用地域と近隣商業地域の両方にまたがっている。

当該案件のように、交通のアクセスがよいこと、交通量が多く駐車場があること、住宅地に近接していることなどが成立要件として重要である。

対象とする客層としては、若者・単身者が圧倒的であるが、高齢者や共稼ぎ世帯も挙げられる。

敷地の建築規制

敷地面積：929.54m²
前面道路幅：12m／4.5m
第一種中高層住居専用地域／近隣商業地域
建蔽率：60％／80％
容積率：200％／300％
日影規制あり

ゾーニングの考え方

標準の必要面積は、売り場・サービスカウンター・レジ・その他、運営に必要なバックヤードを含めると200m²程度となるが、最低120m²からのレイアウトは可能である。

そのほかに、立地条件から駐車場の台数を検討する。車は主要道路からのアクセスがしやすいように前面道路沿いに駐車場をとり、道路からセットバックして店舗を配置する。

入口に近い位置にレジカウンターとサービスカウンターを設け、サービスカウンターの背後に事務スペース・更衣室・休息スペースと配置する。

売場を中心として、サービスカウンターの反対側に冷蔵の棚を配置し、棚の背後に冷蔵棚にアクセスできるようサービスヤードとバックヤードの導線をとり、外部からの搬入も考慮する。

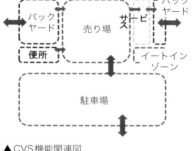

▲CVS機能関連図

基本的なゾーニングの考え方は変わらないが、建物面積により、売り場以外の部分を縮小することもある。

施設構成の考え方

商品構成

CVSの商品構成は、サービスおよびレジに近いゾーンから次のように配置する（平面計画図参照）。
①サービス系（宅急便サービス・コピー・銀行など）
②加工食品（飲料・菓子類）
③ファーストフード（弁当・調理パン・惣菜）
④デイリー食品（一般食品、いわゆる日配品類）
⑤雑貨（日用品・文具・下着など衣料類）
の5つに大別される。

商品構成により導線を計画し、一般食品・日配の食品（パン、弁当、おにぎり、惣菜、乳製品）・菓子類・雑誌・酒類を回遊式にレイアウトする。

レイアウトと留意点

各ゾーンについて、以下のようなアイテムを導線に注意してレイアウトする。

売り場ゾーン

- 店舗の最も重要なパートの1つである。
- 商品の見せ方を考慮しながらレイアウトする。
- 陳列棚は、450mm×900mmを基本としたモジュールとするのがレイアウトしやすく、好ましい。
- 通路の幅は、原則として1,200mm以上とする。

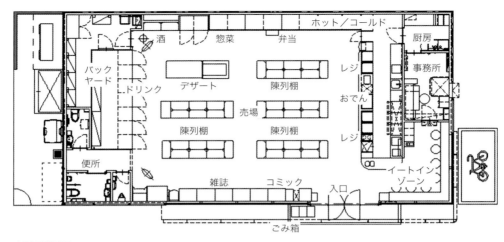
▲平面計画図

イートインゾーン
- 原則として、売り場から直接アクセスできる場所は避けるように、レジと入口の間に配置する。
- カウンター：奥行400mm程度。
- 椅子：600mmピッチ程度。

サービスゾーン
①サービスカウンターまわり
- 来店客に対応するため、導線を含めて動きやすいように什器を配置する。
  内部の通路は原則として900mm以上とする
- レジ：1～3台
- スチーマーなど温めのための厨房機器
- レンジ：2～4台

②サービスカウンターに隣接した厨房
- バックヤードからのアクセスとサービスカウンターからのアクセスの両方を考慮する。
- スペース的に限られた空間なので、最小限の面積のレイアウトとする。
- コールドテーブル・二重シンク
- フライヤー・手洗い器

事務所ゾーン
- 従業員の休息・更衣のスペースを兼ねる場合もある。
- 机・椅子
- OAラック・PC
- 従業員用ロッカー

休息・脱衣などのゾーン・バックヤード
- 労働する人が快適な環境で働けるよう、十分に注意を払って計画すること。
- 着替えスペース（カーテン仕様）・姿見
- パイプハンガー
- ドリンク棚およびバックヤード
- スチールキャビネット
- 重量棚

便所
- 面積に余裕を持たせ、原則として男女別とする。
- 男性用を「誰でもトイレ」とすることもある。
- 身体障害者対応として、近年ではオストメイトの設置も検討する。

まとめ

　CVSの計画について述べてきたが、この業態は立地が重要な装置産業といえる。したがって、利便性を考え、デザインではなく設備や客導線など機能を重視した計画が大切である。

　最近ではCVSとガソリンスタンドやブックストアとのコラボレーション、また単なるイートインではなくカフェと合体させた複合型CVSが出現している。

　今後は、さらに進化した新業態を考えながら計画することが大切である。

Case Study 12 | コンビニエンスストア

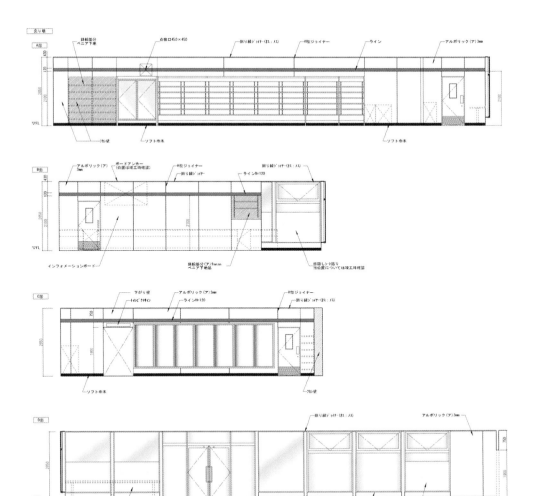

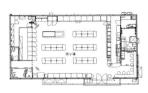
▲売り場展開図

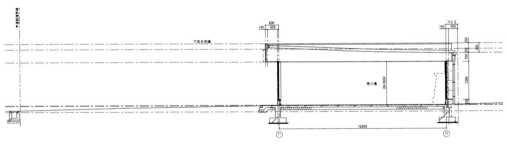
▲断面計画図

4. 商業施設(店舗)設計のアプローチと設計例 | 105

4.2章　飲食サービス業態の店舗設計

店舗設計上のチェックポイント

　この業種・業態の企画設計にあたっては、まず施設の各構成要素と、それらの関連について理解しておくことが必要である。また、出店計画の際、特に間接営業部門については出店条件や施設環境を検討し、計画に配慮しなければならない。ここで列記されている管理部門は、テナント出店の場合などは費用負担が経営効率の面に影響を及ぼすので、出店者側との検討を要する事項である。基本的には直接営業部門が顧客と結び付く施設空間であり、営業利益を生み出す場である。

　下に示す構成図には挙げていないが、ロードサイド型の施設の場合、広い駐車場などを併設するので、風雨などのために風除室を設けなければならないことも想定すべき課題である。

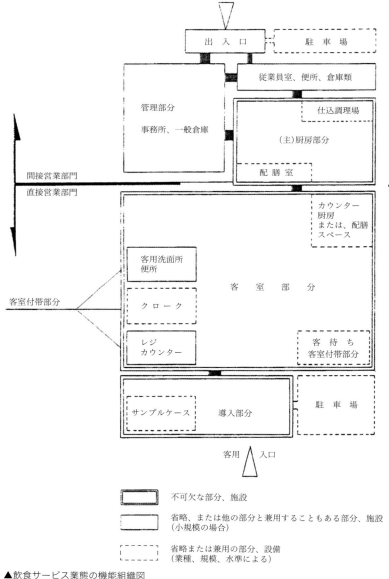

▲飲食サービス業態の機能組織図

【1】 店舗ファサードとアプローチ部分

店舗ファサードと入店までのアプローチ部分については、店舗の顔づくりとして、次の5項目をおさえる。
- 業種・業態が理解されているか。
- 店名が明示されているか。
- 業種に合った個性的で通行客の脳裏に印象が残っているか（イタリア料理店などが国旗を掲げるのもその一例）。
- 飲食店は夜間営業が多いので、照明による効果をプラスすることが重要だ。
- 業種によっては奇抜性が求められる。

また、それらを造作する際の素材や視覚効果の選定については、次の5項目をチェックするとよい。
- フォルム・バリエーション
- カラー・バリエーション
- イルミネーション
- マテリアル・イメージ
- その他ロゴマークやフラッグによる訴求ツールの追加

【2】 店舗のフロント構成

フロントとは、住居でいえば玄関に相当する場所になるが、店舗に置き換えると、その業種によってその趣が変わってくる。例えば、和食系の高級店舗ではクローズド型、ファストフード店舗ではオープン型になる。よって以下の3項目をチェックすべきである。
- 店舗イメージの反映
- 商品イメージの反映
- 顧客単価・滞在時間・回転率とのバランス

一方、フロントにショーウィンドウとして設置される大型S.Wは、食堂・ファミリーレストランなどで多用されるが、メニューが少ない専門店では、小型のものを用いる。また、日変わりメニューを提供する店などは、メニュースタンドか単品を置くスタンドにて代用する。

エントランスドアについては、外開きを基本とし、雨天時等の傘立てスペースとして、庇やオーニングを設置するとよい。また引き戸とする場合は、極力片開き戸とし、手動開き戸の場合は、操作のしやすい引き手とすること。

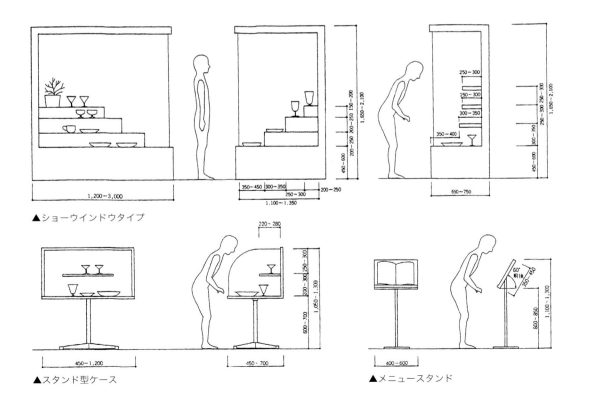

▲ショーウインドウタイプ

▲スタンド型ケース

▲メニュースタンド

【3】 着座方法別の7つのプランニング・パターン

飲食店舗のプランニング（平面計画）においては、顧客動線と店舗スタッフのオペレーション動線を考慮しながら、それらが交差しないよう効率よくサービスできるよう工夫するが、以下は顧客の着座方法別にみた7パターンを図とともに示す（以下の点線 :----: 部分は、業務組織・店舗規模に応じて設置される要素を示している）。

○小規模立食型

この型式は、主に喫茶業態（ジューススタンド・立喰い蕎麦店、スープショップ、ラーメン店等）に適用される。顧客空間側に着座席をもたない、比較的小規模店舗で用いるとよい。

| 管理部門 | 厨房 | 客用部分 | 客席なし |

○着座・カウンター併用型

この形式はスタッフルーム等の管理部門を省略し、スペース効率を上げたいテナント出店に多く用いられる。グループ来客に際して人数を問わず案内できる点で、経営効率もよいとされる。一般的にはコーヒーショップやピザハウス等に用いるとよい。

| 管理部門 | 厨房 | 一般客席／カウンター客席 |

○着座席型

飲食店舗ではもっとも一般的なパターンといえる。一箇所に集中されたフロアに2〜6席のグループ着座が可能なテーブル配置をとり、個室を設けないスタイルである。業種としては、和洋レストラン、カジュアルダイニングをはじめとした軽飲食業態に用いるとよい。

| 管理部門 | 厨房 | 一般客席／カウンター客席 |

○個室客席型

集中フロアやグループ着座席を持たず、すべて個室客席にて食事を提供するパターンであり、高級割烹・料亭などがこれに該当する。なお、営業に際しては市町単位にて行政の風営法を遵守する必要もあるため、計画に際しては関連条法を事前にチェックすべきである。

| 管理部門 | 厨房 | 客用個室 |

○座敷併用型

着座席・カウンターと併用し、畳敷きの座敷に床着座させる客席をもつパターンであり、寿司店・うなぎ店などがこれに該当する。また中規模以上の居酒屋・専門料理店にも用いられるが、座敷側へのスタッフサービス時には、着座型に比べて労力がかかるため、座敷上でも動線確保を徹底する必要がある。

| 管理部門 | 厨房 | 一般客席／カウンター客席 | 客用個室 |

○マルチ宴席型

このパターンのメリットとしては、少人数の会合からパーティや披露宴等にも対応できることであり、昨今ではパッケージ型結婚式場がこのパターンを用いている。

| 管理部門 | 厨房 | 一般客席 | 客用個室 | 宴会場 |

○個室・宴席型

個室客席型を大規模にしたパターンであり、風営法の適用を受ける料亭・料理店がこれに該当する。ポイントとしては個室・宴会とも、別なるグループ客相互のプライバシーを守るべく、通路を回廊形式とするなどの配慮が必要になる。

| 管理部門 | 厨房 | 客用個室 | 宴会場 |

【4】 厨房形式別の4つのプランニング・パターン

レストラン等で用いる厨房機器は、単体でもユニットでも、効率的に料理を提供できるよう設計されているが、それらを用いていかなる食事サービスを提供するかにより、厨房と客席の配置方法も変わってくる。以下は厨房形式別にみた4つの基本パターンをあげているので、参考にされたい。

○オープンキッチン型

バーカウンター等を挟んで客席と厨房（キッチン）が相対する関係を持っているパターンであり、狭小テナント等ではキャッシャーもカウンターで併用する場合もある。もっとも小規模かつ基本的な形式であるため、飲食中のサービスはバー越しに可能なため、客席側に余地がなくても対応が可

能である。

| カウンター席 → 厨房 | open type |

○ダブル・キッチン型

　料理の下ごしらえや仕込みを行う一般厨房と、カウンター客席厨房を分けて計画するパターンであり、寿司店、天ぷら店、焼肉・ステーキ店などがこれに該当する。ポイントとしては、一般厨房とカウンター客席厨房に可能ならば二経路のスタッフ動線を確保するか、余裕のある通路計画をとる必要があることだろう。

| 一般厨房 → カウンター客席 → 厨房 |

○パフォーマンス型

　ステーキハウスやカジュアル・フレンチ店等にて、客の目の前でフランベパフォーマンスを見せながら、料理を提供できるパターンである。比較的大規模の店舗にて用いられる。

| 一般厨房 → カウンター客席厨房 → 複数のカウンター客席厨房 |

○クローズド・キッチン型

　中華料理店やホテル・レストランなど、顧客の目にふれない所で調理の一切を行うパターンである。顧客の着座するフロアと厨房が離れているため、スタッフによるサービス動線も自ずと長くなるので、バックカウンターやデシャップ台、ドリンクカウンター等と併用しながら、厨房機器のレイアウトを熟考し、作業効率と経営効率を著しく低下させぬよう工夫すること。また、複数の火元（グリル・レンジ等）を多用するため、火事の原因を作らぬよう、防火・防災設備の徹底や、運営上にて危機意識喚起を徹底する必要もでてくる。

| 一般厨房 |

【5】　客席のレイアウトと形状・寸法

　客席の配置には❶縦型、❷縦横型、❸横型、❹点在型、❺変形型、❻ベンチ型がある。これ以外に❼座席型がある。一般的には、❶〜❻までの形式は客席として用いられるタイプだが、❺変形型は遊興飲食業態のうちクラブやキャバレーなどで採用されるケースが多い。また、❼の座席は畳席や板の間座で用いられるが、和風料理店に多く採用されている。

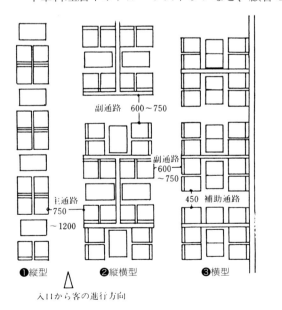

●主通路幅：　750……店舗規模 100m² 程度の場合の基準
　　　　　　1,200……大規模な場合

▲客席の配置例

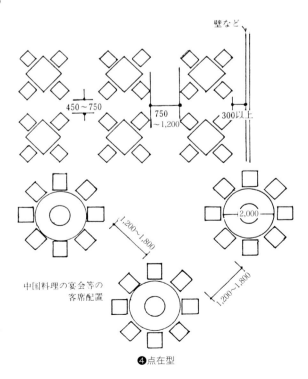

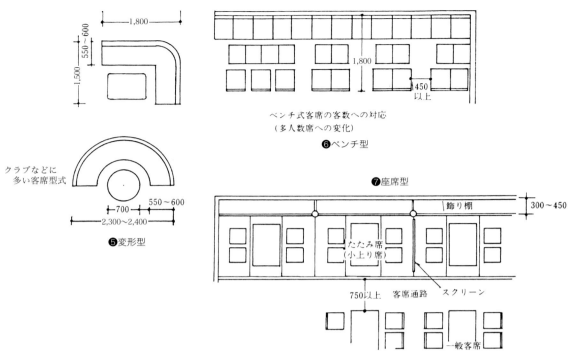

▲客席の配置例（つづき）

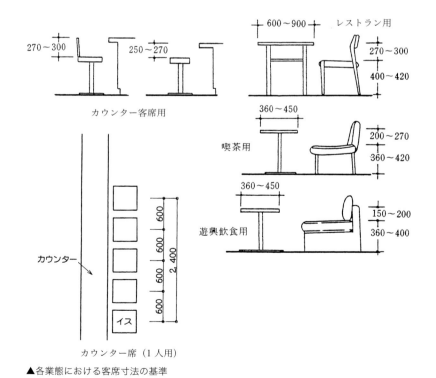

▲各業態における客席寸法の基準

【6】 カウンターの形状

①ローカウンター（1）

厨房内の床を下げるタイプで、床工事が容易に施工可能な場合はこのタイプを採用する場合が多い。

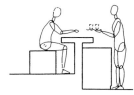

▲ローカウンター／サービス側の床を下げる。

②ローカウンター（2）

このタイプはラーメン店や、カレーショップなど、着座・カウンター併用型で採用されるケースが多い。

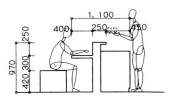

▲ローカウンター（変形）／ファーストフードの店に多い。

③ローカウンター（3）

一般的に躯体に触れない場合などは、客席フロアを上げる場合が多い。

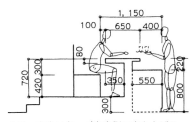

▲ローカウンター／客席側の床を上げる。

④ハイカウンター

客席と厨房内のフロアーがフラットの場合、バーなどでよく採用される。基本的には、足掛バーなどを付けるか、またはカウンターの端部に手掛けや握り棒を取り付け、着席時は安定性を得るようにする。このケースは、厨房内フロアは防水処理や配置埋設のため床を高くする。

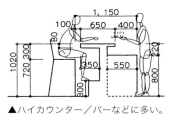

▲ハイカウンター／バーなどに多い。

⑤掘り込み席

このタイプは、和食料理店で採用するケースが多い。

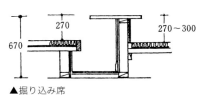

▲掘り込み席

【7】 厨房の形式

この業態の計画に当たって、厨房は重要な施設であり、その機能性や機器設備が経営面にも影響を及ぼすといわれ、設置に当たっては十分な検討が求められる。厨房の形式については、下記のようなタイプがある。

①開放型厨房形式

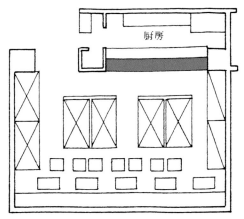

▲開放型厨房形式の事例（和食用タイプ）

◀開放型厨房形式の事例
（天ぷら、とんかつ店用タイプ）

厨房とカウンター客席が一体化しており、客側より厨房内における調理人の動作が見え、その姿を見ておいしさや食欲を感じる。このパターンの形式が和・洋を問わず採用されている。「シズル」商法といわれており、その格言は「ビフテキを売るな、シズルを売れ」。すなわち、視覚、聴覚、味覚に訴求しなければ顧客は食欲を満たせない。

②開放・閉鎖型厨房形式

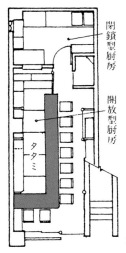

◀開放・閉鎖型厨房形式の事例（中華そば店用タイプ）

この形式は、カウンター厨房と閉鎖型の仕込み用の厨房が接続しているタイプである。このケースではカウンター客席を設けることは少ない。

③閉鎖型厨房形式

客席部分や客室部分からは、厨房部分は直接的に見られない。間接的には配膳スペースを経由して接する。よって厨房内の動きは伝わらない。この形式を採用している業種は主に日本料理店、レ

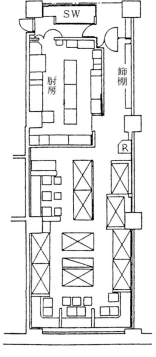

◀閉鎖型厨房形式の事例
（レストラン用タイプ）

▲半開放型厨房形式の事例（そば店）

ストラン、料亭など大規模店に多い。
④半開放型厨房形式
　厨房から客席部分に接していて調理品の上げ下げを行うカウンターが設けられ、直接厨房内全体を客席側から見える形式ではない。中華料理店、ファミリーレストラン、大衆的食堂、日本そば店などに一般的で、日常性の強い業種に見られる。

【8】 客席に付帯する施設
①キャッシャー
　一般的には出入り口に近い場所に設置するケースが多いが、金銭の授受行為だけでなく、中小規模店では予約の受付など多忙な場所である。よって、レジカウンターも機能的な面を考慮しておくことが必要である。
②クローク
　飲酒業態や料理飲食業態などはある程度飲食時間が長いので、落ち着いて寛げることが求められる。そのためにコート、手荷物、鞄などを預かる場所であり、レジカウンターに併設して設置するケースが多い。

③パントリー（サービススペース）
　パントリーを直訳すると食器部屋。客席との連動性が大変高い。テーブル上に不可欠な物（フォーク、ナイフ、ナフキン、お茶、コーヒー）を収納し、従業員がここから客対応をする。同時に調理品の出し入れも兼ねるなど、厨房と接合する場所に設置するのが好ましい。
④トイレ・洗面
　飲食サービス業態ではこの機能が不可欠。特に高級なクラブなどは豪華なつくりになっている。すなわち、この場の清潔感の有無によって顧客に与える印象が店舗イメージを左右する。
⑤ボトルキープ棚、ワインクーラー
　業種によって異なるが、洋食系向けにワイン、和食系向けに焼酎や日本酒などを保管できるよう、リピート客のために設ける。
⑥その他
　傘立てやタオルウォーマー、管理営業部門には従業員の休憩室、食堂、トイレ、事務室、倉庫などが必要となる。

ロゴデザインとサイン計画

魅力的なショップとして好感・信頼感を持たれる統一的なイメージを発信するということは、小規模なC.I.（コーポレートアイデンティティ）を実施することである。

C.I.とは、ロゴやマークを新しくするなどのビジュアルな問題というだけでなく、

> ○企業が自らの独自性をよく知り
> ○明確な意思・目標・ビジョンを持って
> ○それを内外に統一的に伝えていくもの

であり、企業のすべての行為に関わるものである。
その中におけるビジュアルな表現ツールとして、以下のものがある。

> ○シンボル（マークなど）
> ○ロゴタイプ
> ○コーポレートカラー（色彩面から理念やイメージを訴求・ショップカラー）
> ○サブグラフィックエレメント（意味的、感覚的訴求を補強し、システムの展開性を高める図形やパターン）
> ○コーポレートステートメント（理念、姿勢などを伝える短文）

C.I.として要求される基準は、次の通りである。

> ○現代性
> ○オリジナリティ
> ○わかりやすさ
> ○造形的な美しさ、完成度

ショップでは、目に入るすべての視覚的なものが統一されたイメージで展開される必要がある。その主な要素としては、以下のようなものがある。

> ○内外装
> ○サイン、看板類
> ○P.O.P
> ○ショップカードなどの印刷物
> ○メニュー、コースターなど
> ○包装資材

ロゴデザインとサインの展開例

旬肴　旬菜　紅梅

女性が板前を務め、「女性が造る和食」ということで、ソフトなイメージを打ち出した和食店である。
ここではコーポレートカラーが赤紫色、サブグラフィックエレメントが黒い正方形、コーポレートステートメントが「旬肴　旬菜」ということになる。

▲ロゴ・マーク

▲入口部分サイン

▲平面図

4.2 | 飲食サービス業態の設計

▲コースター

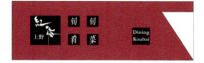
▲箸袋

ロゴデザインの実例

▲和食（おでん）

▲居酒屋

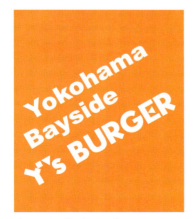
▲ハンバーガーショップ

▲日本そば

4. 商業施設（店舗）設計のアプローチと設計例 | 115

Case Study 1

イタリアンレストラン

Salvatore Cuomo 市場 博多

計画概要

計画類型：テナント出店型イタリアンレストラン
所 在 地：福岡県福岡市
竣 工 年：2015年
計画面積：230m²

シェフズ・テーブルのライブ感をコンセプトとした、カジュアル・イタリアン

福岡市の中心市街地に位置するビジネスホテル1階部分の路面店舗である。前面道路の断面交通量も十分であり、またホテルの集客ポテンシャルも高いことから、宿泊客への朝食対応とともに、一般客も気軽に入店できることが重要な計画与件であった。さらに、デザインコンセプトとして、地場の食材を使った料理やメニューの特徴を表出するアイデアが求められた。

一般的に、イタリアン・レストランのデザインには、非日常感や高級感を売りとしたプレミアムダイニングと、気軽さやアットホーム感を特徴づけたカジュアルダイニングが考えられる。本店舗は後者に当たるが、特筆すべきはカジュアルさの捉え方にある。下図に示すように、店舗全体はオーナーの居心地のよい自宅のようであり、壁面一杯に設置された本棚からは料理の構想を練る書斎の雰囲気をも感じさせられる。また、本店舗の代名詞にもなっているピザ窯が入口に正対して配置され、凝ったディテールの厨房やシェフズ・テーブルが全客席から見渡せる。「市場」の名の通り、毎日仕入れる新鮮食材を見せつつ、シェフ自らが料理をつくっておもてなしをするライブ感が、食欲を増進させる。

▲店舗外観／間口の長いテナントの優位性を活かし、ピザ窯やオープンキッチンなどが見えるよう配慮されている。

▲店舗内観／名物のピザ窯や開かれた厨房、シェフズ・テーブルや冷蔵ケースなどを効果的に配置することで、暖かく居心地のよいカジュアル感に加えて、食のライブ感・臨場感を味わえるインテリアデザインになっている。

Case Study 1 ｜ イタリアンレストラン

業務効率と空間体験を考慮した顧客動線・サービス動線計画

　レストラン計画では、多様な時間帯・客層に対してすべてのサービスオペレーションを可能にするプランニングが求められる。特に本店舗ではホテル側での朝食提供だけでなく、繁忙ピークとなるランチ時間帯でのビュッフェや、夜間のコース料理も含めて、機能的な顧客動線・サービス動線が考えられている。

　レセプション空間付近では、2方向の顧客動線を分けつつ、比較的大型のテーブルを置くことで、案内・支払い時の待合いに対処できるよう工夫してある。また、冷蔵ケースをライトアップし、レセプション側に向けて配置することで、待合い時の目を楽しませることも可能である。客席配置は、個人客から複数人のグループまで対応できるよう、カウンター、2人席、4人席の組み合わせから構成されている。椅子やテーブルのデザインが多様なため、適宜補助席を追加し着席数を調整することも容易である。

　厨房配置は、バックとフロントの2ゾーンに分けられている。バック側はウォッシャーやストック、デリバリーであり、これらはホールから見えないよう厨房背面に置かれている。一方、フロント側は、デシャップ台・ピザ窯カウンター・ドリンクカウンターなどがホールからすべて見えるようL字型に配されている。特にデシャップ台は、各種提供サービスの起点になることから、960〜1,125mm幅の作業・通路余地をもって中央に置かれ、客席へと効率的にサービスできるよう配慮されている。また、各厨房セクション（ピザ調理、共通厨房、ドリンクサーブ、ウォッシャー）に個別のサービス動線を設けてあり、スタッフやサービスマンの動線交錯をなくしている。

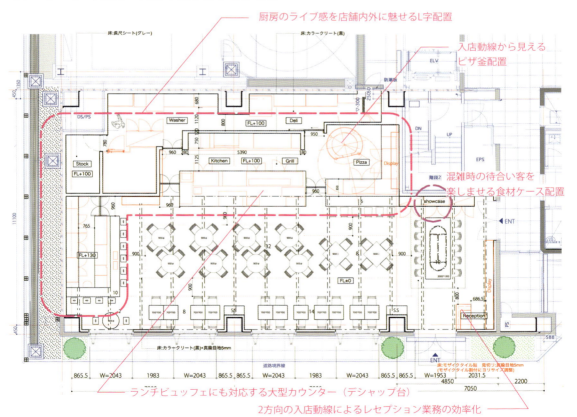

▲店内平面図／ホテル側と路面側の2方向入店動線を上手にオペレーションするための各種工夫が見られる。また、厨房をフロントとバックの2ゾーンに分けるとともに、中央デシャップ台まわりのプランニングにより、サービス動線の相互干渉をなくすよう配慮されている。

4. 商業施設(店舗)設計のアプローチと設計例 ｜ 117

使い勝手とサービスオペレーションを考え抜いた造作と照明

次に、店内造作について見てみる。下図の展開図は、ホール長手方向から見たドリンクカウンター・デシャップ台・ピザ窯前カウンターの造作の様子を示している。各々趣向を凝らしたデザインになっているものの、朝食・昼食時のビュッフェサービスにて利用者が料理を見渡しやすく、容易に取り分けられるよう、すべての天板・幕板高さが900～1,000mmにて統一されている。ピザ窯前カウンターには造作衝立がしつらえられているが、これは客席側にピザ窯の火を見せながら、オリーブオイル等の備品を置くための工夫である。

照明計画の特徴としては、下図写真のようにデシャップ台カウンターには赤シェードのペンダントライトが目の高さまで下ろされ、食材や調理の様子を引き立てつつ、店内のアイスポットをつくっている。また、レセプションゾーンでは落ち着いたシャンデリアがあるなど、多様な照明で店内をいくつかのシーンの集積として演出している。

▶デシャップ台／シェフズ・テーブルを模したデシャップ台。特徴的なペンダント照明にて店内でのアイスポットになっており、見て味わうダイニング・スタイルを呈している。

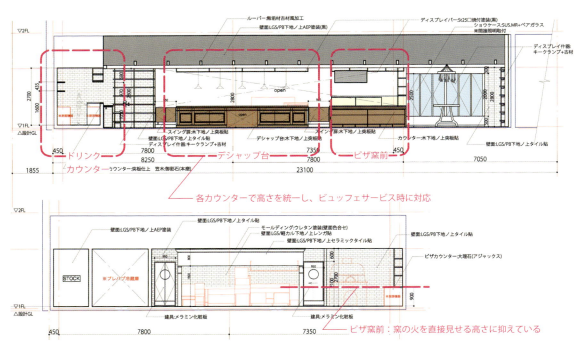

▲長手方向展開図／上図はホール側から厨房カウンター面の展開図。ドリンクカウンター・デシャップ台・ピザ窯前ともカウンター高さを統一し、朝食・昼食時のビュッフェサービスに対応させている。下図は厨房壁面の展開図であり、ピザ窯の開口から客席に向かって直接窯の火が見えることがわかる。

Case Study 1 | イタリアンレストラン

食に相応しい安心感と開放感
―ルーバー天井による「入れ子空間」効果―

ビルの接地階や路面テナントでは、しばしば天井が高く設定されているが、レストランやダイニングなどの着座型サービスではかえって落ち着きを失いかねない。この店舗では、木材ルーバーを1,200mm間隔で天井仕上げとして張り、気積を絞って空間に落ち着きを持たせている。ルーバーは見かけの天井としてだけでなく照明等の間接光を受け、ホール全体に暖かみを与えている。また、材の間から見える天井は伸びやかに高いので、適切な開放感も同時に得られる。これがいわゆる気積の「入れ子空間」効果である。

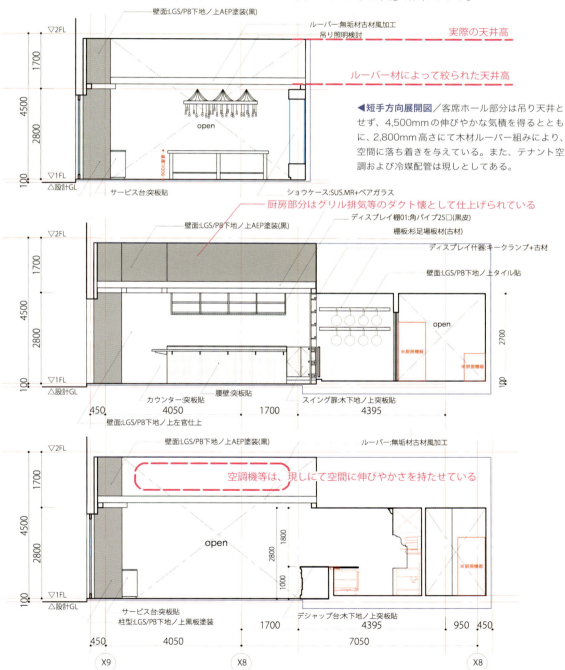

◀ **短手方向展開図**／客席ホール部分は吊り天井とせず、4,500mmの伸びやかな気積を得るとともに、2,800mm高さにて木材ルーバー組みにより、空間に落ち着きを与えている。また、テナント空調および冷媒配管は現しとしてある。

4. 商業施設（店舗）設計のアプローチと設計例 | 119

厨房・ホール両方からの用途に応える
デシャップ台まわりの工夫

デシャップ台とは、厨房とホールでのサービスをつなぐ重要な場所であるが、この店舗では奥行き1,750mm×幅約6,000mmの大きなテーブルとして島型に造作されているため、複数のホールスタッフにてデシャップ業務を同時進行できる利点がある。また、厨房の床下懐から段差が生じているが、ここに腰高スイングドアを設けることで視覚的に空間分節をし、厨房の床が見えないようにしてある。段差を100mmに抑えてあることにより、天板高さはそれぞれ厨房側で900mm（作業効率的にちょうどよいワークトップ寸法）、ホール側で1,000mm（ビュッフェカウンターとして適切な寸法）となっている。段鼻部分を見ると、厨房側に30mmほどの水受けが立ち上がっており、これは厨房を洗浄する際に、水などがホール側に流れ出ないための工夫である。天板の仕上げは、ビュッフェサービス時などに利用者が間近に触れるため、ランバーコア下地に不燃突板張りとし、柔らかな印象の仕上げとしている。

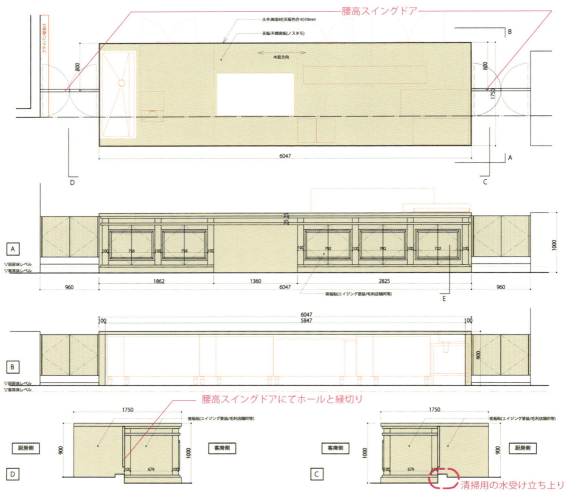

▲デシャップ台のディテール／厨房側は給排水管ルート確保のため床懐があり、段差がつく。ここにスイングドアを設置し、ホール側と空間分節している。また床洗浄の際にホール側に水が流れ出ないよう、段差内側に立ち上りをつけている。

Case Study 1 | イタリアンレストラン

カジュアル・ダイニングの雰囲気を醸す素材選定とディテール

　本店舗では、客の手に触れる部分に関しては雰囲気を損なわぬよう本物の素材（無垢材、天然石、鋳物ヒンジ等）を用いている。棚に用いたキークランプなども、メッキ済の既製品をいったん剥離し、指定色に再塗装するなどの手間をかけて仕上げてある。

　厨房の壁面タイルにはホワイト磁器タイルを用い、清潔感を出すと同時に、タイル釉薬の光沢によるミラー効果にて空間に奥行き感を持たせるようにしてある。また、レセプションゾーンの冷蔵ショーケースは、背板のないパススルータイプとし、上記の磁器タイル仕上げを見せることで、厨房と一体化したディスプレイとしてライブ感の醸成に寄与している。

　客席配置に関しては、カウンター・大テーブル・小テーブルと多様であり、形状も円形・矩形などさまざまな構成にしてある。椅子も種類を多く取りそろえてあり、見た目の楽しさだけでなく、リピート客に対して毎回違った体験をしてもらえるよう、配慮している。

▲冷蔵ショーケース／背板のないパススルータイプのものを使用。壁面仕上げを見せつつ、ライトアップすることで、厨房と一体化したライブ感と食材の新鮮さを魅せている。

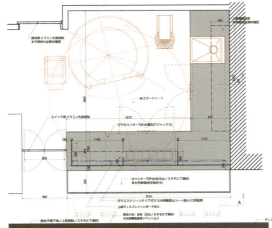

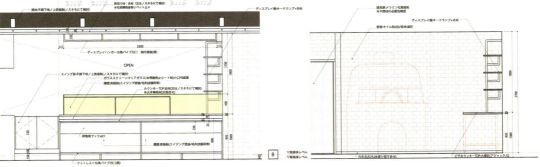

▲ピザ窯カウンターの詳細／ピザ生地を伸ばし、窯入れの下ごしらえをするため、天板には冷却効果のある大理石を用いている。また、ホール側の客席カウンターと一体化しているため、窯の火を見せつつも、熱気を遮断すべく造作衝立が立てられている。

Case Study 2
ビンテージカフェ&ダイニング
changing moods CAFE/DINER and BAR

計画概要

計画類型：ロードサイド型
所 在 地：東京都中野区
竣 工 年：2016年3月
計画面積：67.4m²（テラス含まず）

■ カフェについて

　カフェがちまたにあふれている。世の人々はいったいカフェに何を求めているのだろうか。

　カフェの起源は諸説あり、そのうちの1つの説として、1554年当時のオスマン帝国イスタンブールで2人のシリア人がコーヒーを提供する店を開いたことから世界初の「カフェ」が開かれたとされている。トルコ語で「コーヒー」を意味する"Kahve"から転じて"Kafe"の名称になったとされ、当時は政治経済を協議する場として、また公共の意見交換の場として、人々に親しまれ、ヨーロッパへ広まっていったとされている。

　現代では、コーヒーを片手にタブレットやPC、スマートフォンなどの情報端末を操作して、その場にいる仲間のみならず、遠方にいる知人とコミュニケーションをとっている。仕事の打ち合わせや個人での仕事空間としての活用や、ゲームや動画といった遊びのコミュニケーションまで、利用の幅はその場所だけでなく世界中に広がっている。現代におけるカフェとは、単にコーヒーや飲み物を楽しむところではない。その場を楽しみ、さらにそのとき欲している空間にそれぞれ「変身できる場」という要素が必要になってきているといえる。

■ コンセプトの重要性

　利用者は誰もが同じようなカフェをセレクトしているのだろうか。にぎやかに友人達とおしゃべりを楽しむようなカフェもあれば、静かにその場所と空気と時間を楽しむようなカフェもある。さまざまな需要とオーナーの趣向、また時代の要請によって、変化しつつ存在している。つまり、各カフェには明快な「コンセプト」が必要であり、カフェと一言でいってもさまざまなコンセプトのカフェが存在しているのである。ほかの業種と比較して、そのスタイルは非常に多岐に分かれてい

る。「全部盛り」のような空間ではどの需要にも属さない中途半端な空間となり、結果的に消費者には選択されないだろう。

■ ビンテージカフェという選択

　本例のカフェ&ダイニングはビンテージカフェとして、ゆっくりと流れていた時代の「場」を提供できるように留意している。「居場所としてのカフェ」、そして、めまぐるしく動いている毎日の時間にほんの少しでも「間」「自分らしい時間」「ゆったりと流れる空間」を感じることができるよう配慮している。そのためさまざまな空間が混在しているにも関わらず、一定の統一感によりまとまった雰囲気をつくり出すことに成功している。

店舗紹介
　60年代から70年代のアメリカンビンテージカフェ。インテリアには古材やビンテージのユーズド家具を多く使用して、どこか懐かしいよき時代を思わせる空間。
http://www.changingmoodscafe.com/

▲周辺マップ

Case Study 2 | ビンテージカフェ＆ダイニング

▲パース

■マーケティングエリアおよび内容

東京新中野駅より数分。大型SCなどはなく、昭和から残る商店街が人々の生活を支えている。中小企業や銀行などもあるため、ランチからディナーまで需要がある。
- 開店時間：11:30～23:30
- 客層・ターゲット：20～40代男女
- 提供：コーヒーを主としたドリンク類および軽食、時間によりアルコール類を提供

■店舗コンセプトおよび背景

カフェの入ることになった店舗は戦前・戦後頃に建築された「鉄骨構造」で、何度も内装を入れ替えたらしく、新築時の姿は想像できかねるものであった。路面店ではあるもののメイン通りからは1本入った周囲は住宅に囲まれた場所で、いわゆる「隠れ家的」要素がたっぷり。

オーナーの意向としては、その古い物件の良さも残し、アメリカンビンテージの店内にしたいと言う。また、DIYでできるところはオーナーや友人・知人で仕上げたいという依頼であった。

設計内容のポイント

1960年代をイメージさせるアメリカンインテリアをメイン家具や照明に取り入れることにして、床材やカウンター、テーブルなどに「敷板」（建築現場で使用されていた足場用板）の使用済み材で比較的きれいなものを使用。アプローチには、ギャラリーとして使う部分を土間コンクリート仕上げとした。壁面は使用感のあるレンガタイルや小割りタイルを部分的に仕上げ材として選択。他は不陸も多いためつや消し白色ペンキで仕上げた。天井は元の天井仕上げを取り外し、鉄骨構造のデッキプレートのむき出しに一部ペイントを施した。開口部枠も、既存のサッシに着色加工のみの仕上げとすることで、使用感の深い味わいのある内装仕上げとすることができた。

椅子やテーブル、照明は、古い家具を取り扱う店で掘り出し物を購入。無いものはつくるという精神で、金属製の足に、やはり敷板を使用。そのため、さまざまな形や素材が混在するスタイルとなったが、その混沌とした非統一感も「時代が時間をかけてつくったもの」としてバランスよく構成することで統一感を得ている。また「自分のお気に入りの椅子をチョイス」というのも「あり」ではないだろうか。

■店舗構成

細長い鰻の寝床のような平面のため、道路面に接しているエントランス側を新設の全面引き戸とし、外部から奥まで様子がよく見通せて、来店客からすれば安心と奥深さの魅力を入店前から感じることができるようにした。そのためもあり、採光的にも明るく、一番奥の壁面も大きなはき出し開口となっているため、通風面としても自然な風が抜けやすく、健康的な店内を得ることに成功している。

厨房はカウンターと一体になったフルオープン型。飲食店の厨房を客席から見えるようにするか

否かは意見の分かれるところだと思うが、「調理内容も手法もオープンにしています」というほうが安心感を得られ、オーナーの考えも"客と対話できる店づくり"であると判断し、このようなスタイルに落ち着いた。

エントランスから店内に入ったすぐのスペースは、ギャラリーにも使用できる土間スペース。「テーブル席」は「ワークショップ」もできるようになっており、周辺地域住民や客同志のコミュニケーション、手づくり雑貨の販売、写真や絵画の展示も可

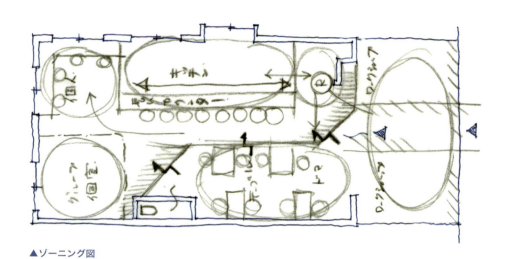

▲ゾーニング図

▲平面図

能な空間として構成されている。

　その土間スペースから1段木組で床を上げて空間を視線で分節したスペースは、厨房スタッフと会話が弾む「カウンター席」があり、モバイル用バッテリーなどの充電に使用できるようコンセント口も配した。ここは厨房に合わせ、あえて長めにカウンターを伸ばしている。横1列のグループリザーブも可能である。奥まった場所のゾーンは、1人で静かに過ごせる「窓側カウンター席」、および個室感も得られる「グループソファー席」となっている。全体が手前と奥に細長い空間であったため、中央壁側にあったトイレは既存の位置より移動させず、内外装のみを変えて活用した。客席ゾーンの中央にトイレがあるのか？と、疑問に感じたかもしれない。既存を生かさなければなら

なかったことが主な理由ではあるが、実は植物およびストリングカーテンとあわせて、手前の空間と奥の空間を分けるにはちょうどよい緩衝帯になっている。

　全体の雰囲気はビンテージというキーワードで統一しているものの、ゾーンによってさまざまなスタイルを持っている。利用の仕方により、それぞれのシーンに対応できるよう考慮した。結果的に次はあの空間に座ろうという次回への期待を持たせることで、リピーター効果も得ている。

　このカフェの特徴、魅力は、「どこか知らない街に迷い込んで、その路地裏空間がカフェになっているような、どこかで昔見たことがある、しかし、実際には他の店舗にはないオリジナリティあふれるカフェ」だというところにある。

▼断面図（カウンターまわり）

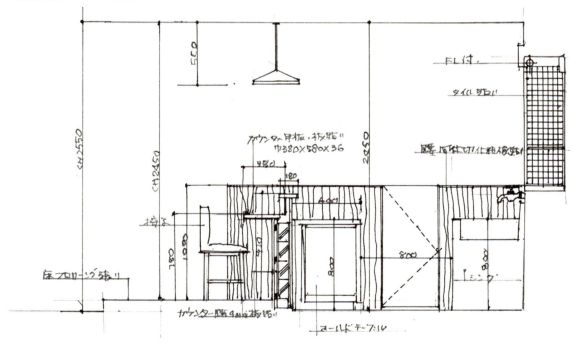

▼展開図

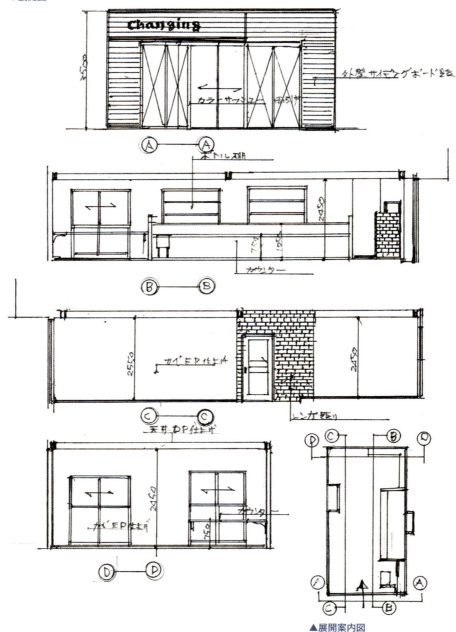

▲展開案内図

知っておこうフルサービス型コーヒー店

喫茶店には、セルフサービス型コーヒー店（例えばドトールコーヒー・スターバックス）と、この項に列記されているフルサービス型コーヒー店が存立している。後者のコーヒー店は（コメダ珈琲店・星乃珈琲店・ルノアールなど）、その経営形態は個人営業が多くを占めているが、現在ではチェーン化を積極的に進めているフルサービス型店舗も多く見られるようになってきた。

その営業システムは、客が席につく - 店員が注文を取る - 商品を席に運ぶ - 客が席を立ち、レジにて精算 - 店員が後かたづけをする と表わせる。この流れによって営業が行われる。よって、企画設計上においても流れによって設計が異なることを知っておこう。さらに、コーヒー店はメニュー構成も客単価を左右する重要な要素になると考えられる為、設計段階で無視できない点である。

Case Study 2 | ビンテージカフェ＆ダイニング

4. 商業施設(店舗)設計のアプローチと設計例

Case Study 3

セルフサービス型
コーヒーショップ

計画概要

計画類型：テナント出店型
所 在 地：名古屋市
竣 工 年：2008年
計画面積：154m²

■ コーヒー文化の由来

　1856年から、日本でコーヒーの購入が開始される。当時、コーヒーを飲用したのは一部の上流階級の人達であったが、東京での本格的なコーヒー店は、1888年4月に上野に開店した「可否茶館（かひいちゃかん）」だとされている。明治末期に東京銀座に「カフェー・プランタン」「カフェー・ライオン」が開店した。何と言っても、コーヒーの大衆化に貢献したのは「カフェ・パウリスタ」という、ブラジルコーヒーの販路拡大とPRのため開かれた喫茶店であった。最盛期20数店舗、従業員も1,000人を超えるほど繁盛したと言われている。

　安価なコーヒーを提供したカフェ・パウリスタはコーヒーの普及を推進し、さらに日本各地にコーヒー店とミルクホールが誕生したことによって、コーヒーは一般の人達にも広く飲まれるようになり、1937～1938年まではコーヒーの黄金期が続いた。しかし、第二次世界大戦によりコーヒーの輸入が途絶え、戦後になると欧米化の波はわが国の生活様式に変化をもたらした。珈琲店経営にもフルサービス型の経営からの変化が見られ、1980年代からはドトールコーヒーショップやスターバックス等のチェーン展開が始まり、セルフサービス型コーヒー店の 低価格 ― 気軽 ― 利便性 をマーケティングの柱にした全国展開が進んでいるのが現況である。

■ 計画立地と背景

　本計画地は都下の人口25万人の都市で、人口密度も年々高くなり、立地条件も10階建のマンションの1階に位置している。新しい家族構造の生活者の増加に伴い、周辺には学園都市も形成されている環境である。

　マーケットとしては、競合店が少なく、小規模珈琲専門店が3件ほどあるものの、アーバンスタイルの店舗はない。

■ 経営方針に基づくプランニング

　上記のような立地環境なので、若者達やサラリーマンなど20～40代の年齢層をターゲットにマーケティングと営業政策を計画してみると、営業スタイル（セルフサービス型コーヒー店）が立地環境として最適との考え方が営業上も店舗運営上も適合する結論となったため、このスタイルに基づくエスキースから始めることにした。

店舗フロントスペース・店内構成

① 建物の店頭部分が約3mほどセットバックしているので、このスペースを活用して屋外（テラス）で語り合える空間を取ってみよう。
② フロントから店内が見渡せるオープンなイメージで客誘導を図るフロントフェースを考えてみた。当然、出入り口は両引戸にし飲食物を持って出入りができる施設にしておく。
③ 店内に入り第一の視線がサンドウィッチ・スナック菓子・洋菓子売り場にいくように、それらの売り場は店頭部分に設けた。セルフサービス型の客単価は平均的に低いので、このコーナーは売り上げアップにつながる場として、マーチャンダイジング（商品代政策）を十分に検討する。
④ 次の客行動は飲み物の注文に移る。その時、メニューサインが必要になる。ここではパック壁面上部にサインによるメニューおよびプライスが見てすぐに理解できるように設置した。
⑤ その後、来店客は代金を払い、注文品を受け取り、座席に着く。調査をしてみると、来店客は平均的に1人または2人が圧倒的に多いことがわかったため、客席も1人席と2人席で構成するレイアウトで進めることにした。
⑥ カウンター厨房は基本的に飲み物を中心に作業をするスペースとして、奥にあるサンドウィッチやホットドックを調理加工する場所と連係できるように、一体感のある厨房スペースをつくるように考慮した。
⑦ トイレは店内奥に設け、「MW.C、LW.Cの両方を設置する」「洗面所を含めて設定する」「スタッフルームも設置する」などのクライアントからの要望を取り入れ、全体的なエスキースをつくった。
⑧ 最終的にCI計画を策定した。

Case Study 3 | セルフサービス型コーヒーショップ

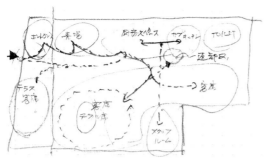

▲プランエスキース

店内イメージ構成

　壁面空間は、木質系のリブを横張りに、一部は模造石を張り、落ち着きのあるイメージ造りを計画した。
　同時に天井廻りを間接照明を施し、明りと素材に当る陰影で柔らかい雰囲気を演出を図った。
　一方、厨房床の壁面は、磁器タイル（朱色）、白目地張とし派手やかな感じを強調し、カウンターのポジションを意識させるようにした。

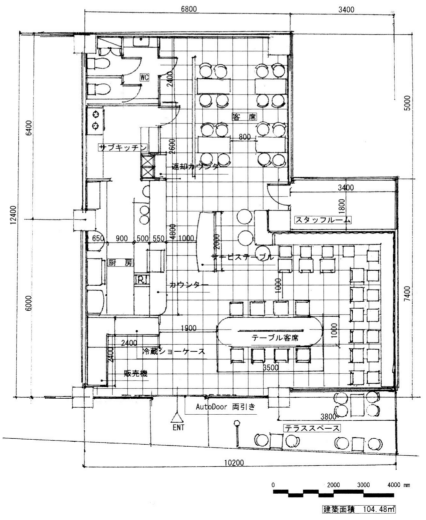

▲平面図

平面計画

①店舗面積は、建築面積141.12m²、屋外（店頭部分）12.88m²、合計154.00m²（46.66坪）となる。

②建築物はRC造で8階建。1、2階は貸店舗、3階以上はマンションとなっている建物である。

③店頭部分は出入り口部分に庇を出し、その上部にチャンネル文字でサイン計画をした。右側はオープンカフェとして活用することにした。上部はテントで覆うようにし、語らいの空間として客席8席を確保した。仕切りは手すりを付け、腰まわりはパネル、両サイドにスタンド型のライティングを施した。

④厨房は、 注文をする ➡ 代金を支払う ➡ 注文品を出す という流れがセルフサービス型のスタイルである。同時に、これに併設して返却品を設け、従業員の動き、省力化、食器の移動を容易にするレイアウトを設けた。

⑤カウンターの前面通路の反対側にサービステーブルを設置してある。これは、シュガー・クリーム・アイスウォーターなど客用のセルフサービステーブルになっている。

客席計画

学生、サラリーマンなど単独客が多いので、カウンター席と大型テーブル席を設けた。1つは回転率を高めることを優先する。また、外部空間を利用しテラスに語らいの場を作っている。

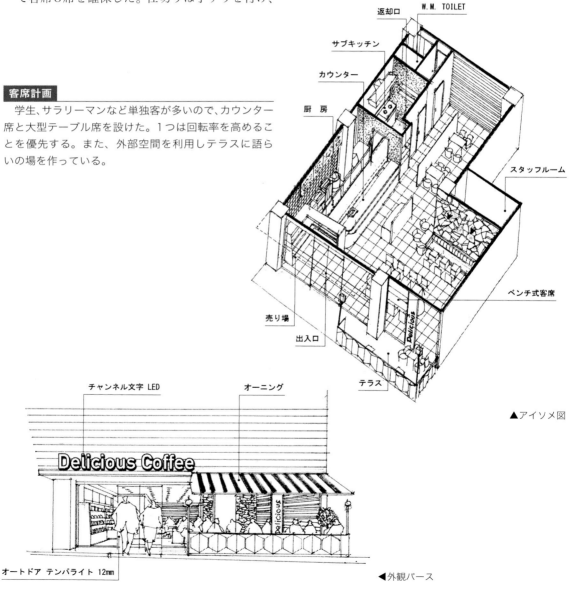

▲アイソメ図

◀外観パース

Case Study 3　セルフサービス型コーヒーショップ

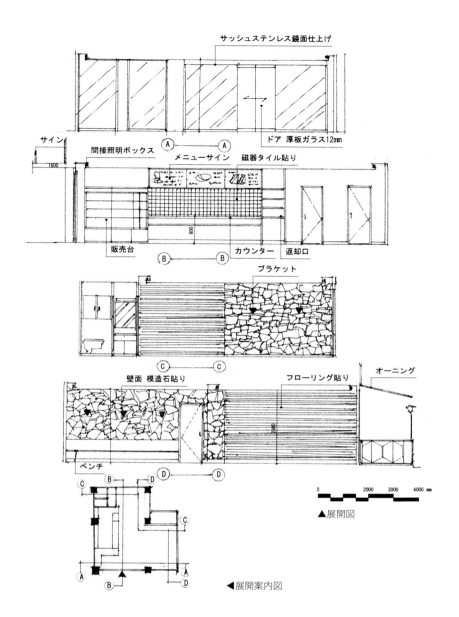

▲展開図

▲展開案内図

店内構成

全体的に落ち着き感を演出することに重点を置いた。
フロアは薄いブラウン系の50cm角の塩ビ系タイルで多少濃淡を付ける仕上げとし、壁面は明るい模造石で凸凹感を出し、柔かい陰を出すイメージを作った。厨房内壁面は艶のあるエンジ色の磁器タイルで貼り、白目地仕上げとし、正面とサイドは、木調の横張り木地仕上げとし、天井はクロス貼り、天井廻りは間接照明で構成した。

● 仕上げ表

店外床	磁器タイル貼り
店内床	塩ビ系タイル貼り
腰	一部タイル貼り、一部模造石貼り
壁面	クロス貼り、一部磁器タイル貼り、一部模造石貼り
天井	クロス貼り、一部P.B下地塗装仕上げ

●厨房内器具および販売台のリスト

①オープン販売台
②洋菓子用冷蔵ショーケース
③2槽シンク
④手洗い器
⑤コーヒーマシン
⑥カップウォーマー
⑦エスプレッソマシン
⑧アイスコーヒーディスペンサー
⑨ジュースディスペンサー
⑩製氷機(アイスマシン)
⑪ソイルドシンク
⑫コンベアトースター
⑬ドックローラー
⑭エールドテーブル
⑮作業台(置台)
⑯洗浄機
⑰ガスレンジ
⑱冷凍庫
⑲調理台
⑳レジ
㉑ゴミ箱

＊1　返却口
　❶置台2〜3段
　❷シンク2槽付
　これらの厨房機器をセッティングすることになるので、設置に当たっては、プラン上で十分なディスカッションをしておくこと。

＊2　客席数
・4人用テーブル×5＝20席
・2人用テーブル×11＝22席
・1人用テーブル×13＝13席
（合計55席）

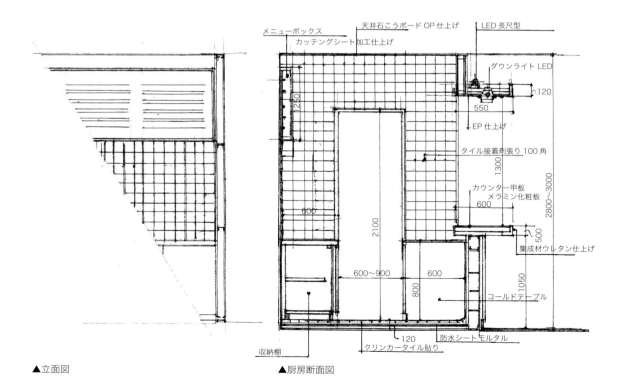

▲立面図　　　　　　　　▲厨房断面図

照明計画

　全体照明(base-lighting)はLEDダウンライティングで構成し、壁面まわりは間接照明でテープライト（LED）を採用した。柔らかな光で店内の雰囲気を出し、特に石貼り部分等は影が生まれるので、落ち着いたイメージを考えた。

　装飾照明を壁面まわりに用いた。また、外部のテラス部分にはスタンド型の器具を使い、店頭訴求を図った。

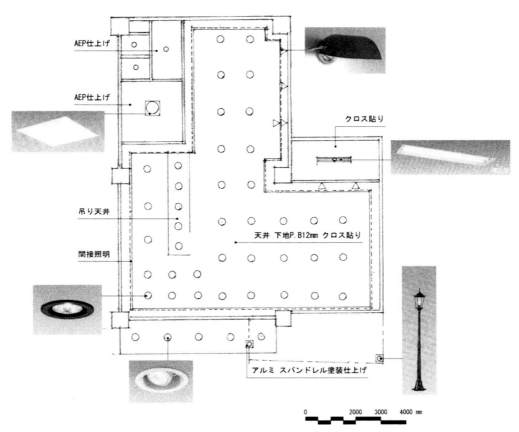

▲天井伏図・照明配置図

Case Study 4

和食レストラン①
和食ダイニング

ととや

計画概要

計画類型：テナント出店型
所 在 地：東京都恵比寿駅徒歩15分の商店街
竣 工 年：2012年10月
計画面積：46.15m²

経営と市場環境

近年、さまざまな和食ダイニング業態が進出する中、個人事業主による小規模店舗が多く見られる。これらの小規模店舗は、限られた予算での出店を余儀なくされる場合が大半である。よって、既存構造に配慮した設計によりコストを最小限に抑えた設計が求められる。また、既存状況をよりよくデザインできるかで、デザイナーの能力が試されることになる。

今回事例になった和食ダイニングでは、数社によるコンペ形式により、デザイン・機能・コストが吟味され、最終設計案として選定された案件でもある。

既存状況によりデザインを導き出す

テナント物件の立地は、恵比寿駅より徒歩15分ほどの商店街にあり、決して恵まれた環境とは言えなかった。

既存テナントも、和風空間をデザインするのにふさわしいとはいえず、鉄筋コンクリート造によるハードな空間が印象的なテナントであった。既存設備は軽飲食程度の設備しかなく、ほぼスケルトンからの設計である。既存状況を見て最初に目についたのは、構造体である大梁である。和風空間にはふさわしくない構造体であり、天井高も低いため、開放的で意匠的な提案を余儀なくされた。そこで、天井全体をふさぐことを避け、既存構造

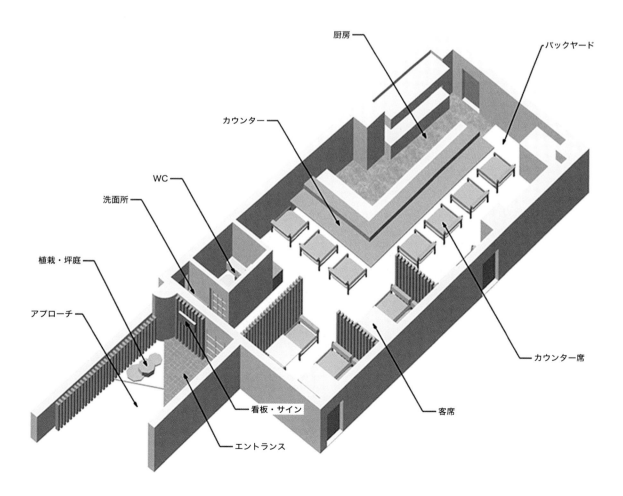

134

Case Study 4 | 和食レストラン① 和食ダイニング

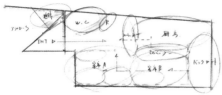

顧客動線 ──→
サービス動線 --→

体である大梁を利用した間接照明により梁全体を柔らかな光源で包み込むようなデザインを提案することになる。

機能別ゾーン構成

①アプローチ：外構・植栽
②エントランス：看板・サイン・エントランスドア
③カウンター・客席：レジ・クローク・テーブル・椅子
④便所・洗面所：温水洗浄型便座　洗面カウンター
⑤厨房・バックヤード：厨房機器・冷凍冷蔵庫・食器棚・食材庫

各機能別ゾーンとレイアウト

①アプローチには、外構・植栽などによりエントランスまでの内部空間をイメージさせる魅力的な景観が必要である。
②エントランスには、看板・サインを動線に設置し、視認性を最大限に考慮したサイン計画を心がける。
③カウンターおよび客席レイアウトは、席数確保が必要であるが、機能的な動線確保が最重要である。
④便所・洗面所には、収納棚やカウンターなどを配置して、衛生的で機能的な水まわりを計画する。
⑤厨房・バックヤードは、配膳・サービス機能を考慮し、作業動線の効率的な配置を検討することが必須である。

4.2章 飲食サービス業態の店舗設計　業種別店舗設計事例

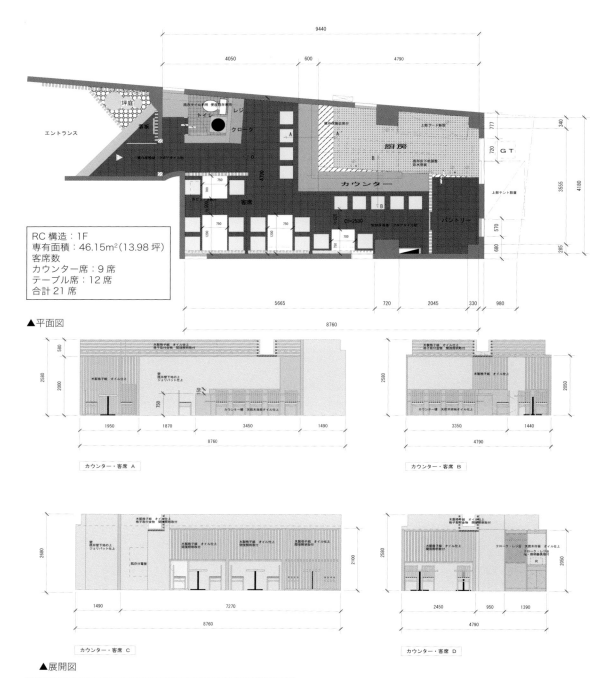

▲平面図

▲展開図

アプローチより誘導されるプランニング

　基本プランの作成にあたり、アプローチからの動線をどう考えるかが求められるが、狭い空間でもアプローチを長くとることで奥行きのある空間構成が可能である。

　また、圧迫感を感じないよう木製格子で空間を仕切り、柔らかな光で包み込むよう壁面をレイアウトする。これにより天井および壁面格子から柔らかな光が広がり、陰影ができ、より居心地のよい隠れ家的な和風空間を実現できる。座席数を確保するため、大小のテーブルを配置し、フレキシブルな対応が可能なレイアウトにする。またカウンターは、客席すべてを見渡せるよう配置し、サービスが行き届くよう心がけることも小規模店舗では重要である。

照明計画

　この店舗では既存照明を併設した照明計画を考慮し、木製格子に間接照明を配置することで必要照度を確保する照明計画を提案した。不規則な構造梁を意匠的な格子照明に見せるためには、既存天井と平面計画を照らし合わせる必要があった。また、壁面からの格子照明も併用して、空間全体を柔らかな光で包み込むよう壁面木製格子も配置された。

　間接照明には調光器を設置することで、より効果的な照度調整を可能にすることにした。その結果、構造体であるコンクリートのハード感がなくなり、落ち着きのある和風空間が実現した。

厨房計画

　和食ダイニングにおける厨房計画は、オペレーションが最重要であり、少人数によるサービスを可能にするものとする。既存状況によりコストに大きく差が出るため、専任の設備業者立ち会いの上、既存設備の調査は必須である。

　今回の案件では、オペレーションを考慮した上で、既存設備を最大限に利用した厨房計画を提案した。このことから意匠計画、機能計画、コスト調整は、初期段階から平行して行われることが多く、基本設計を進める上で厨房計画は、最重要であるといえる。

▲エントランス

▲カウンター

▲客席（テーブル席）

Case Study 5
和食レストラン②
ワインと和食の店

計画概要

計画類型：──
所 在 地：長野県
竣 工 年：──
計画面積：570.35m²

■ 経営と市場環境を知っておこう

　飲食店の店舗設計に当たっては、予測される顧客層（若年層か中高年層か、ファミリー層か友人・知人グループかなど）や周辺競合店などの調査に加え、周辺環境、街並みや住民協定、まちづくり協定等の有無などの調査が必要となる。基本的な業種ごとの統計情報は、個人企業経済統計などからデータを得ることができる。

　経済センサス-基礎調査（総務省が行う基幹統計として、従業者規模等の基本的構造の把握に重点を置いた調査統計であり、2009年に総務省統計局が第1回調査を実施）には、地域メッシュの統計データもあり、周辺地域の飲食店の情報を得ることができる。

　当該地域は、第2種住居専用地域（都市計画法による用途地域）であり、建蔽率50％、容積率200％の地域である。

　このような地域に店舗を計画する際に、店舗の外観デザインに対する配慮は、意匠のみならず色彩にも注力していきたい。景観を形成する上で、建築物等の色彩は、街のイメージを左右し街並みに調和や一体感などを与える要素として重要となる。例えば、札幌市においては、色彩景観基準運用指針により地域らしさを活かしていこうとする「札幌の景観色70色」が、長野県白馬村では「まちづくり環境色彩計画」建築外装色彩指針「もてなしのしつらえ」が公開されている。地域において店舗を計画する際に、このような色彩ガイドラインや緑化ガイドラインなどを参考にすることも重要であるといえる。

■ 立地条件を考察しておこう

　当該物件の敷地は、地方都市の郊外、鉄道主要駅からはバスやタクシーでアクセスする閑静な住宅地内に位置する。

　東西方向16.87m、南北方向33m弱の長方形に近い570.35m²（約172坪）の敷地（下図）である。南面と西面の2面が道路に面しており、南面道路は幅14mの両側歩道付き、東面道路は幅9mの片側歩道（当該敷地側）となっている。

■ 計画に当たって施設機能構成を検討しよう

①クライアントの要望の整理

　当該物件のクライアントは、これまでの趣味と実益を兼ね、ワインと和食の店をオープンすることになった。外せない要望として、店の地下にワインを適切に収蔵できる倉庫を設けることが挙げられている。日本におけるワインの楽しみ方として、和食との組み合わせで提供したいとのことから、和食でワインを楽しめる店を計画することとなった。

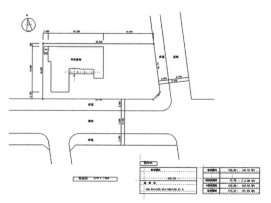

▲敷地の配置図

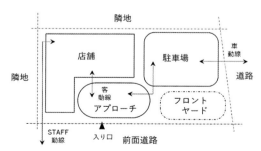

▲配置計画ゾーニング

Case Study 5 | 和食レストラン② ワインと和食の店

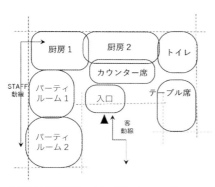

▲店舗内機能グルーピングとゾーニング

②プランニング

本プランにおいては、和食とワインといった「和と洋」の魅力的な融合を食として楽しむ空間であることから、ワイン貯蔵庫を持つヨーロッパ風の建物外観とする。店内には、カウンター席とテーブル席、和のテイストを取り入れたパーティールームを設け、さまざまな来客の要望に対応できる計画とする。

③エスキースおよび配置計画

敷地に対して、店舗施設の配置についてゾーニング（図参照）の検討を行う。角地は店舗の顔ともなることから、適切なランドスケープ（植栽）計画も必要となる。この店舗においては、敷地の奥にL字型の店舗を配置することで、アプローチ部分に前面道路とのつながりと領域感を出している。

④動線の検討

2面が道路に接していることから、車と人の動線を分離することが望ましい。また、人の動線においては、客動線（表）とスタッフによるサービス動線（裏）のそれぞれの動線を確保することが必要となる。飲食店であることから、モノの動線として、仕入れ材料やワイン等の搬入のための動線を確保する。

各部門のセクションとレイアウト

落ち着いた空間で食事を楽しむことができる計画とすることが不可欠ではあるが、店舗としては、店の外に店内の雰囲気を伝えアピールする要素も求められる。店内の魅力的な雰囲気が伝わることが周辺地域への店のPRとなるため、店内でのプ

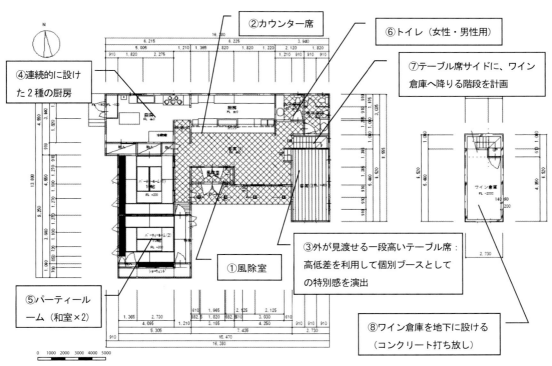

▲店舗1階および地階平面図

ライバシーと店の外へのある程度の開放感とのバランスが重要となる。

　一般的なレストランでは、厨房の面積割合は30〜40％程度とするが、提供する料理の種類によって増減するため、適切なスペースを確保したい。また、客席スペースとしては、1席当たり1.1〜1.5m^{2}が目安（ホテルのレストランでは約3.0m^2）とされる。要所要所に適切な収納計画も重要となる。

　まずは、機能ごとのグルーピングと各部門のゾーニングを行い、おおよそのレイアウトを決定する。厨房やトイレなどの水まわりを敷地奥となる北側に配置し、カウンター席は、入口正面の厨房と対面に、テーブル席と座卓使用のパーティールームをカウンター席の左右に配置する。

　これらの各部門の連結部分は、スタッフ動線としての廊下としたり、床にレベル差をつけるなどの工夫により、変化のある豊かな空間となるよう計画する。

　当該物件では、地下にワイン倉庫を設ける点を活かし、テーブル席を一段高くしている。また、スタッフがパーティールームやテーブル席などのそれぞれのコーナーの客へのサービスを行いやすいように、サービス動線に配慮することが不可欠となる。飲食の提供を考慮すると、最低でも幅1,000mmは確保する。

平面計画上の留意点

❶店舗入口には、風除室を設ける。
❷入口正面にオープン型の厨房と対面式のカウンター席を計画することで、入店した客に対しすぐにスタッフが対応できる位置とする。
❸フロントヤードに面するテーブル席は、前面道路からも店内が見透かせるよう、大開口の透明ガラスはめ殺しを採用し、入口正面のカウンター席の床レベルよりも一段高くすることで、特別感のある空間を演出する。
❹厨房は、主に和食を調理するためのクローズ型の厨房1を客から見えない位置に、連続的にカウンター席正面のサービス用オープン型の厨房2を設けることで、作業の効率と客サービスに対応しやすい配置としている。
❺パーティーなどの宴会等のための個室を設ける。パーティールーム1・2を連続して設け、間仕切りを取り外すことで大人数にも対応できるものとした。インテリアとしては和食を楽しむための和室（和テイスト）を採用する。
❻トイレは北側に設置、男性・女性用の2ブースを設ける。
❼クライアントの要望であるワイン倉庫を地下（6人掛けテーブル席の位置）に設けた。

什器（収納）の検討

●サービスを提供するスタッフは立位での作業、客は椅子に座った姿勢でサービスの提供を受けることとなる。このため、カウンター周辺においては、厨房の収納や作業のしやすさに配慮した収納計画が重要となる。

Case Study 5 ｜ 和食レストラン② ワインと和食の店

ワインと和食の店　主要展開図

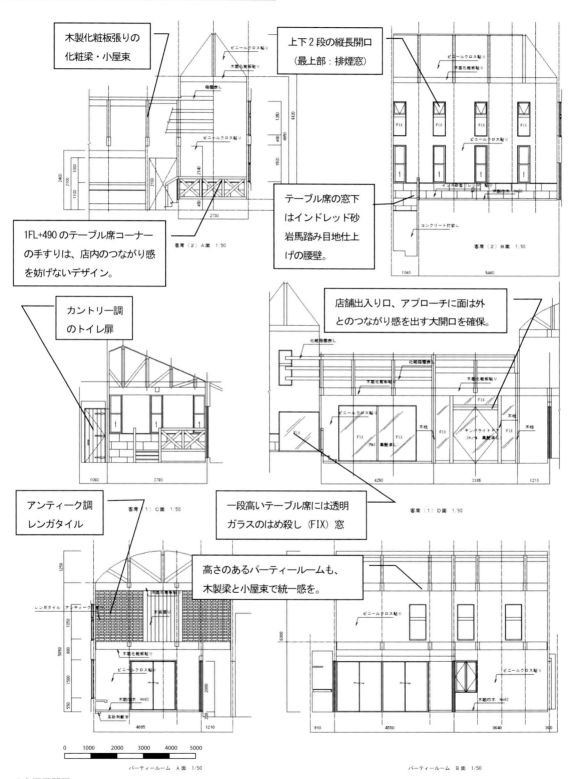

▲主要展開図

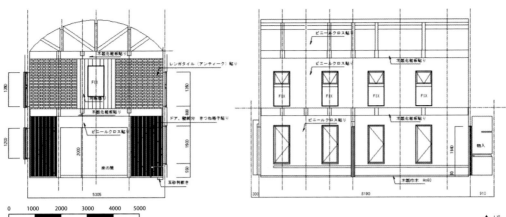

パーティールーム C面 1/50　　　　パーティールーム D面 1/50

▲パーティールーム　内装仕上げ

■インテリアデザイン

- 店内（1階床面積：約153m²）の床仕上げ材は、エントランスから風除室を含めメインの仕上げに、テラコッタタイル四半目地貼り、1FL＋450のコーナーは無垢フローリング張り、パーティールームは畳貼りとしている。
- 店内の木製梁や木製母屋は現し（主要展開図参照）とし、和テイストと洋風テイストを併せ持つ空間演出としている。
- パーティールームは、吹き抜けとなる高い位置の仕上げにアンティーク調レンガタイルと木板張りを採用（パーティールーム展開図A面・C面を参照）し、店内の統一感を演出、和室の造り付け棚の下を、一部玉砂利敷きとした。
- 建具（トイレ扉）は、木板張りとし、カントリー調のアイアンの飾り丁番を採用している。和室の建具等は、きつね（木連れ）格子貼りとし、和テイストにしている。
- 天井高が高いことから、テーブル上の適切な照度を確保するため、照明器具にはアンティーク調の2種のデザインのペンダントライトを適宜配置し、店内のお洒落な雰囲気を演出している。
- 店舗入口正面となるカウンター上部(図参照)に、ワイングラスラックを計画（断面図参照）、店内のフォーカルポイントとした。
- ワイングラスラックの上部となる厨房と客席の境である下がり壁は、アンティーク調レンガタイル馬踏み目地（最下段のみ縦目地）の仕上げとしている。
- テーブルと椅子は木目調の家具をセレクトし、壁面を飾る額絵（水彩画）のフレームも木製とした。

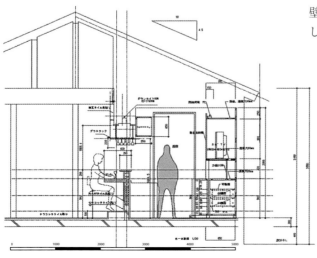

◀断面図／カウンターと厨房部分

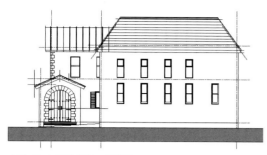

▲ワインと和食の店　立面図

外観デザイン

①ワイン蔵のイメージを打ち出すため、アプローチに面する正面入口左手にワイン収蔵庫の両開扉をフェイクでデザインしている。この扉は実際には開閉できないが、店舗のイメージを伝える重要なサインの役割を果たす。木板張りにアイアンの飾り丁番、開口部枠にはアンティーク調レンガタイルの意匠を施している。

②エントランス部の切妻屋根部分には洋瓦を採用、店舗建物の出隅にアンティーク調のレンガタイルを施し、統一感を出している。

③実際には平屋（1階建）であるが、天井高の高い空間を確保しているため、開口（窓）を上下2段で縦長の開口を計画した。

④アプローチに面する1階レベルの両開き窓には、両開きの鎧戸（フェイク）を両サイドに設置している。その他の窓の両サイドにはレンガタイルを貼り、カントリー風のイメージを演出した。

⑤フェイクのワイン蔵の扉近くにはオークのワイン樽を設置し、ワイン貯蔵庫としての雰囲気を演出している。

⑥周囲の景観になじみ、かつ店のコンセプトが伝わるような植栽計画も併せて検討する。

設計上の法的規則

全国一律での法律に準拠した規定と地域特有の規定があるので、これらの規定について、計画店舗のある役所の担当課に相談することが不可欠である。以下に、主な法的規則を挙げる。

全国適用

- 建築基準法における内装制限：仕上げ材として不燃材の使用、排煙設備としてオペレーター付き内外倒し窓採用。
- 消防法における厨房の防火区画、スプリンクラーの設置、防炎規制：店内に使用するウインドウトリートメント（ロールスクリーン）に防炎物品を使用する。
- 食品衛生法による保健所の規定：厨房には入口近くにL5サイズ以上の手洗器を設ける。厨房出入り口を区画する。食器収納は戸の付いた棚とする。

条例などにおける計画区域内適用

- 都市計画法による用途地域における建蔽率、容積率、高さ制限等
- 都市計画法による地区計画等
- 景観法による景観計画、景観協定等による建築物の形態意匠等の制限
- 都市緑地法による緑地協定等

Case Study 6
ビアパブ

スワンレイクパブエド　代々木上原店　カフェドテテ

計画概要

計画類型：ロードサイド型
所 在 地：東京都渋谷区
竣 工 年：2014年3月
計画面積：62m²（テラス含まず）

■ビアパブとは：ビアホールやバーとどう違うのだろうか

　パブのもともとの歴史をひも解いてみると、イギリスからスタートしている。当初は酒の提供のみではなく、簡易的な宿泊や雑貨屋としての機能も備えた場所であった。18世紀から19世紀頃に徐々に発達し、"public house"（公共の住宅）が語源と言われる。街中の社交場として親しまれていたのであろう。現在のイギリス都市部のパブはそこまでの機能ではなく、いわゆるビールや酒を提供する場所である（ちなみにアメリカでは「BAR」）。居酒屋と異なり、簡単なつまみ程度しかないことが普通で、場所によっては飲み物以外の注文は豆やスナック類のみのパブもある。ビアホールはドイツを中心に世界中に広がったビールがメインドリンクの居酒屋に近い存在。夏になると建物の屋上でビアガーデンが開かれるが、ビアホールの延長上にあるものとして考えてよいだろう。

　現在の日本のパブでは、カフェや居酒屋文化も取り入れたビアパブが増えてきつつあるようだ。

■クラフトビールという選択

　日本中でクラフトビールの認知度が上がってきた。日本でビールといえばキリンやアサヒといったいわゆる一般的なビール企業が思い浮かぶ。

　クラフトビールは、定義からすれば「小規模なビール醸造所で、ビール職人（マイスター）がていねいに精魂込めてつくっているビール」ということになる。小規模であるため、その希少性や、作り手の個性が表れることになる。地域性・原料やつくり方にこだわりがあり、手工芸品とされる「クラフト」の名前がつく理由もうなずける。他の業態と同様、どこでもいつでも味わえる、ネットで入手できるということではない。そのような店ではわざわざ出向く店になりえないわけである。

結果的に、個性あるクラフトビールのビアパブが選択される理由の1つになっているのであろう。

　今回は新潟県阿賀野市に本社（株式会社天朝閣グループ）を構える「スワンレイクビール」の店舗を事例として紹介する。

■ビアパブ店舗デザインの考え方

　「ビアパブ」はまだ日本では、そこまで飲食文化として浸透しているわけではないため、「ここはクラフトビールを飲ませる場所」であることを一目見てユーザーに伝えなければならない。そのため、「顔」となるものを外部からも見て明確にする必要があるだろう。

　そこで今回、路面店であることから「ビールタップ」を前面道路の歩行者から一目見てわかるような場所に据え付けた。通常の飲食店では「席を一席でも多く配したい」と考える場合が多い。しかし、「クラフトビールを創っています。たくさんの方々にこのおいしさを味わっていただきたい」というこの店のアイデンティティを表現するほうを優先すべきといえる。また、単なる「席数だけ多い店」だと、スピード重視で人数を入れてどんどん回転させるような店となり、せっかくの味わい深いクラフトビールなのに、単なる消費する場となってしまう。そればかりか、消費者には「狭くて居心地の悪い場所」、そしてそこで働くスタッフからは「狭くて商品を供給しにくい仕事場」ということになる。

　店舗設計は、ユーザーばかりでなく、働く人目線でも考えなくてはならない。

　単に物を出すだけの店は、すでに店舗としては成り立ちにくい。もちろんよい商品を置いていれば一定程度は売れるであろう。しかし、商品を販売しているというだけでは店舗としての魅力は少ない。モノがほしいだけならネットで購入するほうが便利である。消費者はクラフトビールを飲みに来ていながら、その場所・店の雰囲気・スタッ

フの接客サービスすべてを含めて楽しみに来ているのである。

店舗紹介
集合住宅1階。路面店ではあるが、駅からは少々はなれた場所で、周囲は住宅に囲まれ、いわゆる「隠れ家的」店舗である。
店舗名：スワンレイクパブエド　代々木上原店　カフェドテテ
https://www.facebook.com/SwanlakePubEdo.shibuya/

〒151-0065　東京都渋谷区大山町46-9　1階
スワンレイク本社　http://www.swanlake.co.jp/main/kaisya_gaiyou_tp.htm
マーケティングエリア&内容：
東京代々木上原駅より数分。駅前はさまざまな業種の店舗や商業施設があるものの、この店の周辺は閑静な住宅地であり、近所には2～3の店舗がひっそりとあるのみである。
○営業時間：
月　15:00～23:00（L.O. 22:00、ドリンクL.O. 22:30）
水～金　12:00～23:00（L.O.22:00、ドリンクL.O. 22:30）
土・日・祝日　12:00～22:30（L.O. 21:30、ドリンクL.O.22:00）
○客層・ターゲット：20代から60代程度幅広く。
○提供：クラフトビールを主としたドリンク類及び軽食。

▲周辺マップ

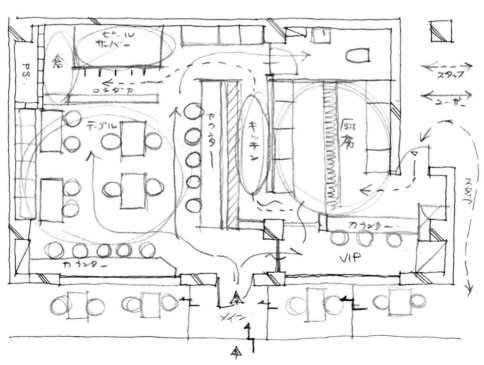

▲ゾーニング図

店舗コンセプトおよび背景

　この店舗になる以前は、この場所はフレンチレストラン ➡ カフェ ➡ ビアパブ と経てきた。マンションの地上階にあるこの店舗は、比較的整形な平面形態をしていた。そこで、カフェとして設計されていた、居ぬき物件としてほぼそのままビアパブとしてオープンすることになった。スタッフがこれまで働いて「スタッフ目線」、「お客様の行動」に関するポイントをいくつか取り入れている。主としては、カウンタートップ。スタッフが仕事をする洗い場でもあるカウンターは、これまでカウンター越しにすべて見えてしまう角度のものであった。そこに目隠しとなる「立ち上り壁」を設置した。また厨房部分から前面道路へつながる「カウンター席の見直し」なども細かなポイントではあるが、重要な視点での改修である。このような現場での意見も尊重していく細やかさが、成功の1つの要因となるのだ。

設計内容ポイント

ファサードデザイン

　まずはこのスタイルになる前のフレンチレストランからカフェへの改装については、前面道路から見えにくく隠されていた店内を、開口部を大きくとることにより、明るく健康的で、誰でも入りやすいカフェになるように大きく印象を変更した。大きなFIX窓については外部に印象的なスチール製（少しさびたようなアイアン）の棚を設けた。これはアイコンになるだけでなく、テラス席と店内の席との緩衝帯としての機能も果たすほか、植物やシーズンに合わせたディスプレイを置くことで店舗ファサードに変化をつけることを可能としている。しつこいようだが、店舗のファサード部分は、その店を印象づける大切な顔である。大きな開口部から見える店内やビールタップ、楽しそうに語り合う客、テラス席でゆったりとクラフトビールを楽しむ人々。それらすべて、客のしぐさや会話や雰囲気までもが「ファサードサイン」にすることで効果を出している。

店舗構成

　カフェからビアパブへの改装は、前カフェ「TETE」の面影をできるだけ残したいという要望があったため、大改装はしていない。しかし、ビアパブ「スワンレイクパブエド　カフェドテテ」の存在をアピールする「ビールサーバー」を奥の中心に配置した。入口から右奥を厨房（これは勝手口の関係が理由でもある）とし、また天井板を廃した。それにより、客席を開放感ある天井高にできた。そして、客席ゾーンは厨房と壁を挟んでカウンター席を設け、FIX開口部に向けたカウンター席、左奥には壁面に一体としたソファーベンチを設置した。中央にテーブル席とし、その配置は客同士の視線を交差させないよう配慮している。さらに、特徴的なポイントとして、客席の椅子の種類については、少し別の種類の椅子をあえて混ぜることにより変化を持たせている。その日の気分で座る選択肢がある楽しさ、

▲スケッチパース

Case Study 6 | ビアパブ

またお気に入りの椅子を探すのも楽しい一面といえる。

そのほか、前記したカウンタートップであるが、フラットであったカウンターとキッチンとの境に180mm程度の立ち上がり壁を設けた。これは厨房や洗い場などを、来店客の視線からさえぎることができ、カウンター上のものが水まわり側に落ちてくることを防いでくれる。軽く仕切ることにより客空間とキッチン空間を適度に分けることにも成功している。また、提供した飲食物との境を明確にすることができるため、スタッフは客の視線を気にせず片付けものの作業ができる。ユーザー側からは落ち着いてゆったりと食事ができるカウンターとなった。

ビールサーバーを中央にレイアウトさせたことにより、前カフェ時代よりも客席数が減ったスタイルとなっているものの、結果的にそのサーバーがサイン代わりの役割を果たし、十分客の入るクラフトビアパブとして大成功を収めており、この後の出店（スワンレイク田町店など）でもビールサーバーを主張させて目立たせる配置とすることで、大成功を収めている。

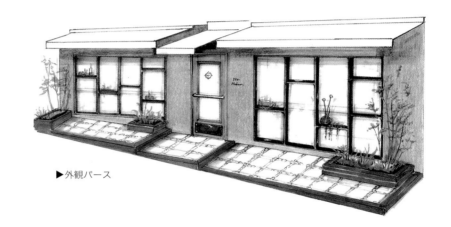

▶外観パース

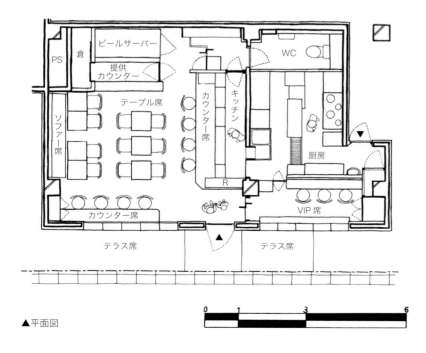

▲平面図

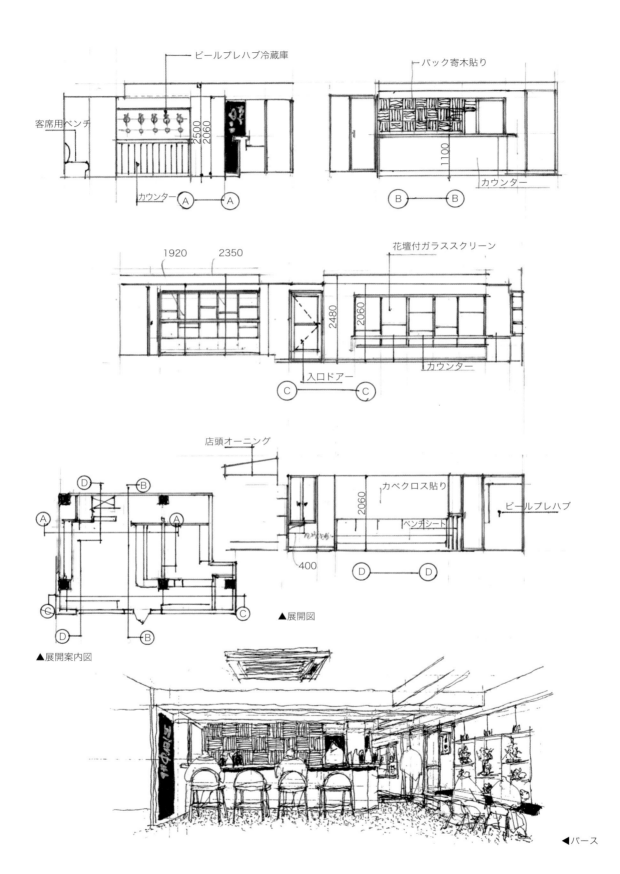

Case Study 6 | ビアパブ

▲店内／奥よりエントランス方面

▲店内／エントランスより

▲店内／ソファー席より

▲店内／カウンター

▲全景／テラス席とファサード

4. 商業施設（店舗）設計のアプローチと設計例

Case Study 7
焼肉店

計画概要

計画類型：町近型
所 在 地：愛知県刈谷市
竣 工 年：2006年
計画面積：約132m²

経営と市場環境の状況

　焼肉店は、韓国料理の焼肉を中心としたメニューを提供する店だが、韓国料理店とは違い、日本独自で発展した業態といえる。もともと焼肉店は高いというイメージがあったが、リーズナブルの焼肉屋の出現により、誰もが焼肉を気軽に食べられるようになった。焼肉店チェーンの出現は、業界に衝撃的なものであり、今まで価格が高いと思われていた焼肉業界に衝撃が走り、焼肉は庶民の食べ物となった。

　最近では、価格の安さを売り物にする焼肉屋と接待のための焼肉屋、昔からある街場の焼肉屋と郊外型の家族連れを対象とした焼肉屋がある。通常の規模は30～40坪であるが、郊外型は100坪くらいの広さの店もある。郊外型は一般的に家族連れで利用することも多く、子ども、両親、祖父母の組み合わせで6人での利用や、カップルでの利用、会社関係の接待に使われることも多い。

　客席のとり方は、カップル用の2人席、通常の4人席、家族用の6人席、グループ・宴会用の座敷席を設けることが多い。

立地条件の考察

　立地条件によっては客層が異なり、当然ながら来店動機も異なる。基本的にはビジネス街、繁華街、住宅街に分かれるが、それによって客席のとり方が異なってくる。ビジネス街では、いかに効率よく席をとるかで売り上げが決まってくる。特にランチは大勢の客より2、3人の客が多く、1人の客もいるので、効率よく回転させなければならない。テーブルにコンロが必要なため、1人客をいかに回転させるかがポイントである。

　該当店は地方の住宅地にあり、一番難しい立地であるにも関わらず比較的売り上げはよいが、それなりの苦労もある。地方の出店では、都会と違い来店目的客が一定していないので、いろいろな

▲店舗外観

来店目的客のための席を設けなければならない。1つはファミリー席、2人用のカップル席、その他に会社関係の接待用席などいろいろな目的客に応じた席が必要である。

計画に当たっての設備機能構成

排気ダクトの必要性

　排気設備は、天井内にダクトを設け、コンロのフードから排気することが多いが、座敷席などは座敷の床が上がることを利用して床下にダクトを通し、下引き排気を利用することによりコンロの脇から排気をするため、上部にフードを付けなくともよい方式をとることもできる。

空調、給気、換気設備の必要性

　コンロの排気をするためにその排気と同量の給気が必要となり、当然一般の換気も必要となる。また、コンロで熱を出しているため、空調設備は容量を大きくしなければならない。

炭焼きコンロの出現

　コンロは通常ガスを使用するが、最近では炭焼きが味の良さもあり流行ってきており、そのためには炭を店内でおこす必要がある。この場合は、炭おこしのスペースの確保と、防火対策をしなければならない。

設計上のポイント

基本的には一般のレストランと同じであるが、テーブルに必ず焼肉用コンロと排気設備が必要になる点が異なっている。そのため1人客や2人客の席をつくるべきかどうか、立地に合わせて検討する必要がある。

一般的にビジネス街では、2人席と4人席を多くとるのが売り上げ上必要である。住宅地では、家族用に6人席を多く設けたとしても、すべての客が家族6人で来るわけでなく、2人の客もいるため、6人席を2人で使用することも起きる。それは営業効率が悪いだけでなく、案内された客も居心地が悪くなる。そのため、6人席数は慎重に決めなければならない。

重要なのはその店の業態である。郊外のファミリーレストランのような店なのか、居酒屋、接待用の店なのかで計画が変わってくる。接待用の店ならば個室が効果的である。ファミリーレストラン風ならば、人数がフレキシブルに変更できる客席レイアウトとする。ビジネス街なら、いかに2人客をさばくかが計画のポイントとなる。

ゾーニング計画

大きく分けて、一般テーブル席、座敷席、厨房、デシャップ、トイレ、レジ、アプローチになるが、アプローチから入ってくる客がわかる位置にレジ兼客を招き入れインフォメーションするレセプションが必要である。そのために、常にスタッフがいるデシャップと隣り合わせていることが効率がよい。

デシャップの位置は、そこからすべての客席が見えるのが望ましいが、それが無理な場合は、客チャイム等を利用して認知することが必要である。

この際、ダクト設備を忘れてはいけない。天井に設置するなら客席レイアウトに大きな影響はないが、床下に設置するとなるとなるべく床の高さを上げないようにするために、ダクトが重ならないように客席レイアウトを考える必要がある。

当該店は市街地ではなく住宅地に立地しており、前述のように都会と違い来店目的客が一定していないため、ファミリー席、2人用のカップル席、会社関係の接待用席など、いろいろな目的客に応じた席が必要である。

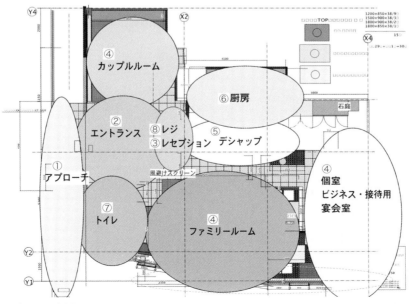

▲ゾーニング計画

各部門のセクションの役割

①アプローチは「この焼肉屋はどのような店なのか」という期待感を抱かせ、「これから食べる食事はさぞかしおいしいのであろう」という期待感を持たせる最初のシーンである。

②アプローチを通り、扉を開けてエントランスに入る入店方式である。このエントランスで客の期待感はより高まる。店格を感じるのもこのスペースである。

③レセプションは、客は何人なのか、どのような席が希望なのか、客の希望を聞く役割がある。

④立地条件が繁華街でないため、この店の客席はいろいろなニーズに応えられるように配慮した。家族連れのためのファミリールーム（小さな子ども連れのために小上りも用意してある）、カップルルームは2人連れのため、個室はビジネス接待・宴会用にも使える。

⑤デシャップは、厨房から出てくる料理を出したり食器を下げたりするところで、常にスタッフがいるところである。そのため、そこからは店全体が見渡せるのが望ましい。客がいつ来てもよいようにレセプションと隣り合っているとスムーズである。

⑥厨房は、料理をつくるコンロや作業台、冷蔵庫が必要。事前の仕込み、下げられた食器を洗う洗浄ラインにはシンク、最近は自動洗浄機を入れるところもある。そのため、かなり広いスペースを必要とする。

⑦トイレは客席から目立たず、それでいてわかりやすい位置がよい。入り口近辺にあると客は確認しやすい。

⑧レジは最後に代金を払う一番大事なところである。とりあえずの場所としてでなく、しっかりとしたスペースがよい。ほとんどの場合は、レセプションとレジは同じカウンターを利用する。

▼平面図（WC変更）

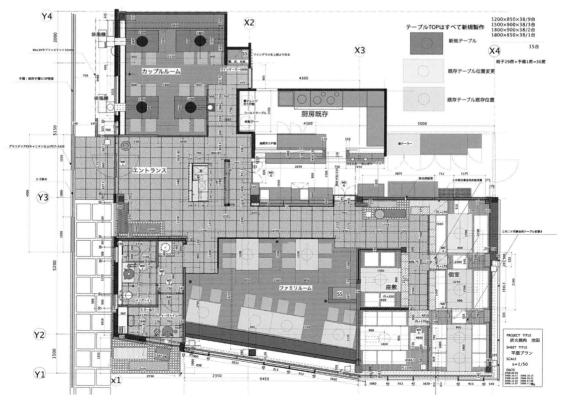

Case Study 7 | 焼肉店

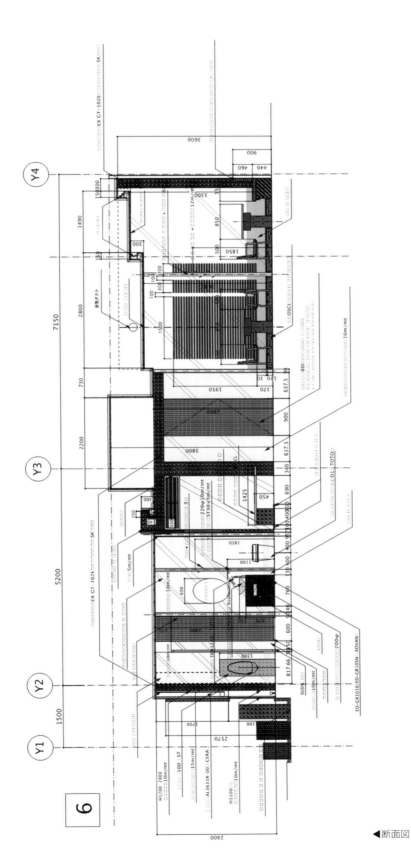

◀断面図

4. 商業施設(店舗)設計のアプローチと設計例

平面計画上の留意点

店舗設計に当たって、当該店は住宅街であるため、アプローチは駐車場からつながる外にとることで、ここに店があることもアピールする。

❶エントランスの扉はあえて自動にせず大きなドアを押して入らせる。これはなんとなく入ってしまう自動ドアでなく、客がこれから入る覚悟を促すためである。また、エントランスは風除室にもなり、客席までの間をつくる。

❷エントランスに入るとレセプションがあり、「いらっしゃいませ」の対応ができ、そこから目的に合った席に案内する。

❸客席は排気設備を伴うため、ダクト経路を考えたレイアウトにしなければならない。通常の客席は4人席であるが、客の状況でファミリーならば親子4人におばあちゃんとおじいちゃんが加わり6人の席が必要であり、接待であれば個室が必要である。

❹デシャップは、厨房より出てきた料理を客席に運ぶところで、客が店に来た際に直ちに対応するためにはレセプションの近くが好ましいが、客動線と重ならないようにする。

❺トイレは、客にさりげなくわかる位置で、トイレの入口は客席を避ける位置につくる。なるべく入口の近辺がよいが、奥につくる場合は客からわかりやすい位置がよい。なるべくトイレサインに頼ることは避ける。

照明計画

物品販売のように明るくすればよいのではなく、各席のプライバシーを守るように、テーブル上は明るいが周囲は暗くすることで闇がその席のスクリーンをつくるようにする。店全体を見せる必要はなく、必要なところだけ明るくすればよい。通路に照明はなくとも、周囲の照明で十分な光はとれる。

▼天井伏せ図

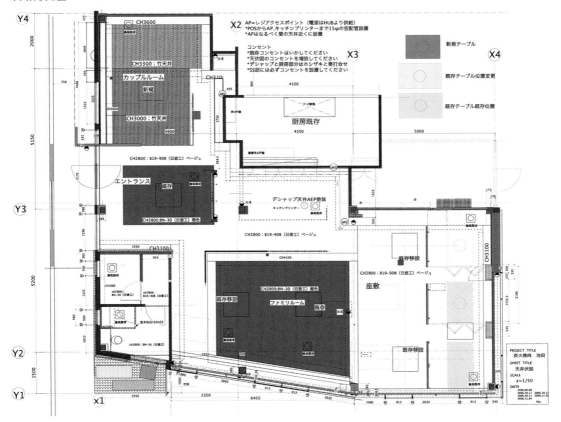

Case Study 8 寿司店

神田すし定

計画概要

計画類型：駅近型
所 在 地：東京都千代田区神田
竣 工 年：2012年
計画面積：約50m^2

■ 経営と市場環境の状況

関東では寿司店は一般に握り寿司のことをいうが、関西では押し寿司もある。太巻き寿司や北陸の鮒鮨など、全国にはいろいろな寿司があるが、ここでは握り寿司店について述べていくことにする。

寿司店の形態は和食店に似ているが、握り寿司カウンターを中心とする店が多い。カウンターで好みの寿司を板前に注文し、目の前で人肌のシャリと新鮮なネタで握った寿司を食する。お好み寿司とは、おきまりの松・竹・梅とか、並・上・特上などと決まったものではなく、自分が食べたいネタの寿司を頼むことをいう。そこに「召し上がり」カウンターの醍醐味があり、味が落ちないまま食べられるように配慮した形式といえる。

カウンターをいくつも備えた店もあるが、通常はカウンターにテーブル席や小上り席が加わり、規模を拡大することが多い。また、個室を利用して数人で食べることもできる。このように用途に応じていろいろな組み合わせで施設を構成していく。また、宴会や法事などに利用されることもあるため、座敷の大広間を備えた店もある。

昔から寿司店は店売りのほかに出前も多いため、店売りと出前の調整を考えなくてはならない。酒席の後に利用する客も多いことから、深夜まで営業している店も多い。

■ 立地条件の考察

当該店は、繁華街にある路面店である。駅の周辺には割安な寿司店が何軒かあり凌ぎを削っているが、ここは駅から7、8分離れているため、その競争に巻き込まれないで済んでいる街場の寿司店である。通常の寿司店は男客が多いが、ここでは女性をターゲットに絞った。

それほど高級ではないものの新鮮なネタをリーズナブルに提供している。もちろんカウンターでは自分の好きな寿司だけを頼むこともできる。2人連れが多いことからテーブル席は2人席が多く、3人、4人での来客は2つのテーブルを付けて対応する。2階には宴会席と個室が設けてある。

■ 計画に当たっての設備機能構成

寿司店は握りカウンターを中心とした構成になるため、カウンター厨房はオープン厨房である。しかし、見えない部分で焼き物、煮物、洗い場厨房が必要になる。握りカウンターとは別の部分で料理が出されるデシャップカウンターが必要になり、そこはレジカウンター近くが望ましい。ドリンク類は、調理をする厨房では対応しきれないため、デシャップゾーンにはドリンク類を用意できる機能が必要になる。

商業ビル内の店では、カウンター席は内部を防水するため、カウンターまわりのフロアを上げるなどしてカウンターの高さをなるべく低く抑える必要がある。

寿司店というとどうしても男性中心になりがちだが、これからは女性が入りやすい店にする必要がある。

■ 設計上のポイント

寿司店の設計は和食店に似ているが、握りカウンター中心に形成され、その隣に煮物、焼き物、洗い場の厨房がある。規模のそれほど大きくない店は、レジとデシャップが近い方が効率的である。
①導入部：入口は自動ドアでなく、客の意志で開けてもらう方がよい。
②レセプション：客を席に案内する。
③客席：カウンター席は7席以上が望ましい。ほかにホール席、座敷。
④レジカウンター：入口のレセプションカウンターと兼ねることが多い。

Case Study 8 | 寿司店

▲寿司店ファサード

▲女性を意識した入り口

⑤トイレ：本店舗は空港ビル内にあるため、共同トイレである。
⑥できれば小上り席や個室があると売り上げが伸びるので、なるべく設ける。
⑦女性配慮：入口で最初に目にするのれんは、女性に訴えかける色がよい。

心にホール席、小上り席、個室、規模が大きければ宴会席を設ける。今回の店は、小上りは設けず、個室、宴会場は2階に上がる。

レセプションを兼ねたレジカウンターは入口近辺が望ましい。常にスタッフがいるデシャップの近くに持ってくると、レジに誰もいなくて客を待たせることになってしまうからである。

繁華街では客席は2人席にして、4人以上で来店した場合はテーブルを付けて対応する。

女性客に対応するには気軽な個室も効果的であり、家族連れにも対応できる。女性客に対応するにはきめ細やかさが必要である。

ゾーニング計画

客に入口で、「へいいらっしゃい」の声かけをスマートに行いたい。そのため、入口が見える位置にカウンターを配置したい。カウンター席を中

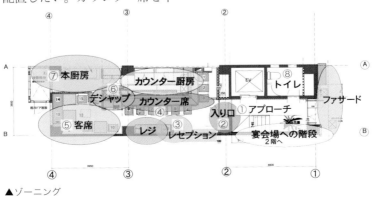

▲ゾーニング

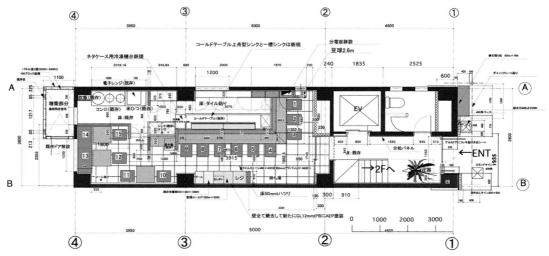

▲1F平面図

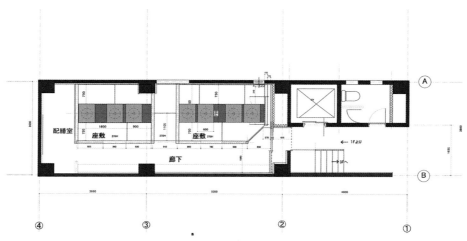

▲2F平面図

各部門のセクションの役割

①アプローチは、「この寿司屋はおいしいのだろうか」「寿司ネタは新鮮だろうか」と客が想像しながら期待を高める導入部分である。

②アプローチを通り、入口を開けると、「いらっしゃい」の声とともに大将がカウンターで寿司を握っている姿が見えるのが望ましい。

③レセプションでスタッフに案内され、希望のスペースに通される。レセプションは、1人でカウンターでお好み寿司を食べるのか、テーブル席がよいのか、個室がよいのかスタッフに相談するスペースでもある。

④カウンター席は店のメインであり、エンターテインメントである。そのため、カウンターのデザインは大事な部分であり、そこに経営者の考え方が出てくる。

⑤ホール席は、カウンター席より気軽で、連れの方と話しながら寿司を食べるのに適している。そのため、メニューとして「お好み」より「お決まり」を選ぶ人が多い。

⑥デシャップはカウンター厨房、料理厨房から出てくる料理を客席に出すところで、済んだ食器を下げるのもここである。そのため、店全体が見渡せるのが望ましい。そこには常にスタッフがいることが多いので、デシャップとレセプション、レジカウンターが隣り合っているとスムースである。

⑦本厨房はカウンター厨房とつながっていて、その間にデシャップがあるのが望ましい。厨房の役目は煮物、焼き物、蒸し物、洗い場である。
⑧トイレは入口付近のわかりやすい位置がよいが、当店舗ではビルに付属するトイレが入口付近に設置されている。

平面計画上の留意点

店舗設計に当たって、当該店は雑居ビルの1階と2階にあるため、そのビルの制約の中で設計された。
❶店舗入口はビルの入口より少し中に入ったところにあるが、これにはアプローチとしての効果がある。もちろんドアは自動ではなく、客に手で開けてもらう。
❷ドアを開けるとすぐにカウンターがあり、板前の寿司を握るパフォーマンスが見られる。その脇から「いらっしゃいませ」の声がかかる。
❸スタッフは客の状況を見て案内する席をすすめるため、入口に近い位置にレセプションを置く。
❹握りカウンター席から板前の寿司を握る姿を見やすくするため、カウンターの高さと板前が立つ厨房の高さを計算しなければならない。なるべくカウンターで板前の下半身が隠れるように設計する。ビル内部など厨房に防水が必要な場合は、客席を上げるなどしてカウンター席が高くならないように設計する。ここが寿司店を設計する際の一番のポイントである。
❺デシャップはカウンター厨房と本厨房の中間にあり、カウンターからの料理と本厨房からの料理を受け取る。2階がある場合はここにダムウェーターを設けるのも一考であるが、今回は設置していない。

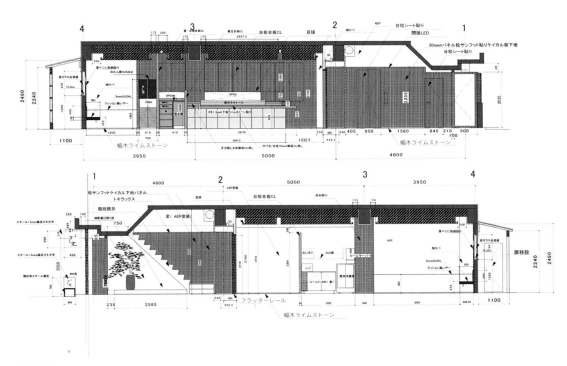

▲展開図

照明計画

どの飲食店にも共通するが、寿司店の場合はおいしそうな寿司に光が当たっていればよいのであって、店全体を明るくする必要も、通路などにあえて光を当てる必要もない。カウンターの上やテーブルの上に照明が当たれば、その光が周囲の空間に回っていき、適度の明るさになる。

全体を明るくすると、それぞれのプライベート空間がなくなる。テーブルの上だけを照らすとそのまわりは闇になり、自然とプライベート空間が生まれる。あとは演出照明だけでよい。

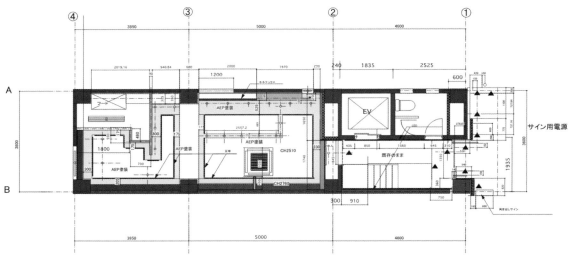

● 設備凡例：

○	ダウンライト	マックスレイ	22灯
─	間接照明	豆球	35.8m
▲	屋外スポット	エンドウERS3143H	10灯
	40W2灯埋込みFL		1灯
	FLc-1 32W		1灯

▲照明配置図

4.3章　各種サービス業態の店舗設計

■ 理髪店の店舗設計上のチェックポイント

この業態については第2編（商業施設の分類―業種・業態）の中で解説されているので、ここでは企画・設計に当たって、建築基準法並びに消防法を除いた法規が適用される業種・業態について説明する。

❶技術提供サービス業態

理容店・美容院は理容師法、美容師法施行規則が適用されるが、都道府県によって条例が変わることがあるので留意すること。また、クリーニング店にはクリーニング業法が関わってくるが写真スタジオも、この業態に含まれる。

❷施設提供サービス業態

旅館には旅館業法、並びに旅館業法施行令、ホテルなどは国際観光ホテル整備法、浴場・サウナなどは公衆浴場法が適用される。映画館・演芸場・音楽・スポーツ施設などは興業場法、また、風俗営業法の対象となる施設は、スロットマシーン・パチンコ店・麻雀店・キャバレー・キャバクラなどである。

特に、2016年に風俗営業法が改正され、ナイトクラブ・ダンスホールなどは規制対象から除外された。

この業態が法規に抵触する業種が一番多いと考えられるので、建築基準法をはじめ計画に当たっては十分な調査と準備を心がけておくことが肝要である。

ここでは、技術サービス業態での設計に当たって、法令に基づく事例を紹介しておこう。

【1】 理容店における理容師法の基準

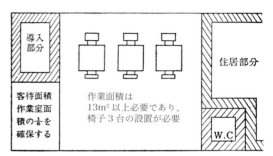

▲理容店における最低必要面積

● 理容師法による最低基準

床面積	最低13m²	13m²を超える4.9m²ごとに
理容椅子	3台まで	1台増やす

注：都道府県により3m²に1台のところもある。

● 椅子席、作業面積、客待面積の区分表

椅子席（台）	作業面積（m²）	客待面積（m²）
3	13	2.167
4	17.9	2.983
5	22.8	3.8
6	27.7	4.617
7	32.6	5.433
8	37.5	6.25
9	42.4	7.067
10	47.3	7.883

上の図と表は、いずれも東京都の条例と基準を採用としているが、都道府県によって異なる場合があるので、留意しなければならない。

▼椅子4台を設置した場合の平均的な計画例

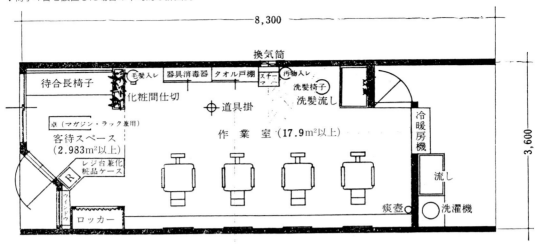

● 理容店の什器・備品の例

① 理容椅子
② かがみ（600mm×900mm以上）
③ 器具および化粧品棚
④ 掛布入れ
⑤ タオル蒸し器（スチーマー）
⑥ 洗髪流し（オートシャンプー）
⑦ 湯沸し
⑧ 器具消毒収納戸棚・未使用タオル収納戸棚
⑨ 道具掛け（ドライヤー、アイロンなど）
⑩ 毛髪入れ容器（ふた付）
⑪ 汚物入れ容器（ふた付）
⑫ たん壺（ふた付）
⑬ 予備流し
⑭ 洗たく機（タオル、掛布などの洗たく）
⑮ 冷暖房機
⑯ 換気扇
⑰ 客待椅子
⑱ レジカウンター
⑲ ロッカー
⑳ マガジンラック
㉑ 化粧品ショーケース（チェーン店の場合メーカー品の展示販売）
㉒ サインポール（全国共通）

【2】 理容店の設備計画上の留意点

❶ 洗髪が頻繁に行われるので、排水を良好にし、臭気の逆流を防止すること。
❷ 店内の換気を十分に行い、不快な感じを与えないようにすること。
❸ 理容椅子は電気配線を内蔵するため、正確に位置を墨出しして、床配線をすること。

【3】 理容店の業態動向について

　一般的に、この業種は生業的体質の経営をされている店舗が多く、よって小規模型の施設が主流になっている。一方、企業型の経営によるチェーン展開を進めている店舗も見受けられる。

❶ 地域密着型サロン：各地方の町か住宅街の中で住居と併設して営業を行い、標準的な技術を持ち、組合協定料金を基準にして営業している小規模店。
❷ 回転率本位型サロン：駅なかやビジネス街などによく見られるようになった、カット専門店。料金も1000円と安価で回転率を第1義として多店化経営を展開している店舗。また、シルバー料金を打ち出し、リーズナブルな価格帯でリピート客を取り込んでいる店舗などが挙げられる。
❸ ハイクオリティ型サロン：富裕層などが対象客で、ホテル内や青山、原宿、六本木などハイソサイティな客層をターゲットにした高級志向型。料金も比較的高い経営型サロン。

【4】 理容店の基本計画に当たっての留意点

　理容店を設計するに当たって、各業態や規模によって、各室内の面積に差異がある。しかし、理容店を開設するに当たっては理容師法に準拠して設計をしなければなない。そこで、主な留意事項を列記してみる。次の各項についてプランニングを始めよう。

❶客室（作業室）は、「理容椅子1台当たりの面積×台数＝作業面積」で算定する（161ページの図を参照）。
❷客待ちスペースは作業面積の1/6以上が必要とされる。
❸配置計画も作業室以外、従業員室、レジ台、その他必要な備品配置を考慮し、レイアウトする。
❹入口スペースは基本的に客待ちスペースに隣接して設けることが好ましい。特に高級店はレジカウンターに併設してクロークを併設しておくことが要求される。
❺洗髪作業に関して給排水、特に排水設備を良好にし、臭気の逆流を防止すること。
❻理容椅子と電気設備は併設して配線をしておかなければならない。その位置の確認を怠らないこと。
❼店内のイメージデザインは、大衆性を主眼にした明るい軽快感が望ましい。高級店は重厚感を求める。例えば大理石や、渋い感覚を演出するためのウッディなイメージなど用いる傾向がある。

美容院の店舗設計上のチェックポイント

　この業態も、理容店同様に生業的要素が強い小規店が一般的に多く見られるが、近年は企業経営化したチェーン展開を進める店舗も増えており、その店舗規模の大型化の傾向が見られる。

【1】 美容院の業態動向について

❶地域密着型サロン：地域密着型で顧客とのコミュニケーションを第一に、親子代々家業として営業を行っている場合が多く、都心部・地方にかかわらず全国的に多く見られる。
❷企業経営型サロン：近年、全国的にチェーン展開を進めているヘアサロンで、営業の基本は無駄を省き経営効率を優先し、極力顧客の滞留時間を少なくする客数消化型のタイプである。
❸デザイナーサロン：競合店との差別化を前面に出し、得意なヘア技術やヘアデザイナーの個性を売り物にする。顧客重視型で、客層も富裕層やタレントなどが対象である。
❹デイスパ（総合美容センター）：店内構成もリラックスさせる余裕ある室内構成を取り入れ、ヘア、美顔、ネール、サウナなど総合的な機能を有し、空間、規模も大型化、設備投資も大きい。東京をはじめとして、大都市を中心に出現してきた。

【2】 美容院の基本計画に当たっての留意点

この業態の計画は、理容店と類似している点がある。それは美容師法の施行細則と同様の法規があり、その作業の工程は複雑化の傾向にある。主な項目を挙げると、次の通りである。

❶基本となる作業室で、セット台、シャンプー台、ドライヤーなどで構成されている。

❷それに付帯する客待ちスペースは、美容師法によって作業面積の1/6以上が必要とされる。

❸これ以外に、高級店に設けられている特殊設備としては、美顔術兼相談室、ネールケア、毛染め作業を行う（ヘア・ダイ）スペース、着付室などがある。

❹間接営業スペースとしては、従業員控室、機械室がある。これらの各室の配置は作業の順序に従って計算し、客や従業員のサービス動線が作業の支障にならないように考慮しなければならない（164ページの図を参照）。

【3】 美容院の各部スペース計画に当たっての留意点

❶導入スペース：対象客は基本的に女性客であるから、フラワースタンドや豪華さを演出するカーテン、そして明るさ（照明器具などに配慮）、清潔感が溢れるようなイメージアップが大切だ。

❷客室付帯部門：主な所要室は客待ちスペース、化粧室、便所などであるが、客待ちスペースは美容師法により、作業面積の1/6以上と定められている。なお、このスペースは顧客の滞留時間が長いため、雑誌類やTVなど映像、音響設備の設置などに配慮する。

❸レジカウンターの設置も当然であるが、この什器を活用し、化粧品やフレグランスの陳列、また顧客記録台帳などの収納などを設置しておくと便利である。

❹美容相談コーナーを設け、顧客サービスとコミュニケーションを図ることも望ましい。

❺客室（作業室）：この作業室は美容作業の中心であり、美容師法で以下の通り規定されている。
・作業室の床面積は$13m^2$以上であること。
・同時にこの作業室に配置できる美容椅子は6台まで。ただし、$13m^2$を超える床面積に対して$3m^2$ごとに1台増やすことができる。

この規定内容は最低の面積基準であり、計画に当たっては、ややゆとりをもった面積算定が必要である。

❻消毒室の設置は法規では定められていない。美容師法による消毒設備を置く室として設けられることが多く、シャワー室や毛染め作業をする部分を近接させ、所要床面積は$1.3m^2$以上が必要である。

❼毛染作業をする（ヘア・ダイ）スペースの所要床面積は$3.7m^2$以上。装備としては美容椅子のほか、洗髪用流しや薬品棚などが設置される。

❽着付室の所要面積は約$7.4m^2$以上とする。通常、4.5帖程度の和室、その他、かつら棚を設けることもある。

❾間接営業スペース：このスペースには従業員控室やボイラー室などがある。

従業員控室は最低床面で$4.9m^2$程度が必要であるが、居住部分で兼用する例が多い。装備として

は、ロッカーなどを設ける必要がある。

　ボイラー室のボイラー類を設置する部分は床面積1.5m²内外が必要で、特にボイラーの大きさによっては、ボイラー室を設けなければならない。当然、室内には耐火性、不燃性が必要である。

【4】　美容院の設備計画上の留意点

　主なものは理容店と共通しているが、その他は、次のようなことがある。

❶シャンプー台周辺の床は、特に洗髪による汚れが激しいので、耐水性のあるものを使用する。
❷冷暖房設備計画に当たっては、ドライヤーなど特に発熱量の多い器具類を使用するため、それを考慮した計画をすることが望ましい。
❸電気器具類を多く使用するため、施設床面積1m²当たり150kW程度の電気容量を見込むこと。例えば、ドライヤー1個の電気容量は10Aである。
❹法規上、ドライヤーなどのコンセント回路は、1回路2個以下に規制される。

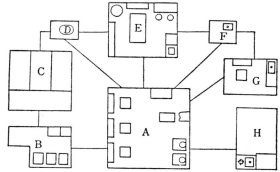

記号	各部名称	最低部分面積
A	現行法規による最低作業部分	13.00m²
B	入口および客待ちスペース	4.80m²
C	着付室	7.40m²
D	便所	1.20m²
E	美顔術兼相談室	8.00m²
F	消毒スペース	1.30m²
G	ブリーチスペース	3.70m²
H	従業員控室	4.90m²

▲（標準～大型・高級）美容院の各スペースごとの最低面積

Case Study 1
スキンケアサロン

Masser de La vie Paradis Salon Caresse moi

計画概要

計画類型：テナント型スキンケアサロン
所 在 地：東京都港区
竣 工 年：2007年9月
計画面積：120m²

「健康だからこその美しさ」を伝える都心のスキンケアサロン

本事例は一見して美容院のようであるが、顔・頭皮・頭髪・手指の美容と健康を保つためのトリートメントを施術するスキンケアサロンである。東京都心の繁華街にあり、その立地の優位性を活かす形で、質の高いケアサービスを提供する店舗として計画された。店舗デザインのコンセプトメイキングに当たっては、本サロンの経営理念である「健康だからこその美しさ」が踏まえられており、森の中で木々に守られながら、静謐・安心かつ、気持ちのよい雰囲気にてサービス提供できるよう、店内造作のアイデアに結実している。

本サロンの主たるサービスは、サロンチェアに着座した状態にて、頭皮や頭髪、フェイスのトリートメントをする形式になっているが、フロア全体で6つのケア・ブースに抑えてあるため、空間的にも余裕があり、マンツーマンのきめ細かなサービス・施術の提供が可能となっている。また各ブースは低めの木製キャビネットで緩やかに包まれており、ゲストのプライバシーとフロア全体の開放性を両立させている。事務所テナントの低い天井をうまく活かし、水平視線の伸びを大切にプランニングされているのが、下に示す内観写真からもよく理解できる。

▲店舗内観／フロア全体に余裕を持って配置された円形のケアブース。天板までの高さを抑えたカーブ状のキャビネットによって、ゲストのプライバシーと空間の連続性を保っている。各キャビネットには電源、収納、パウダーカウンターなどが機能的に配置されている。

ケア・ブースの距離感に配慮した インテリア・プランニング

　店舗の平面計画を見てみると、施術を行うフロアのほか、レセプションやソファースペース、化粧体験スペース（手洗いカウンター付き）がある。バックヤードには、スタッフ用の着替室、休憩室、給湯室、洗濯室がある。各ケアブースにはカーブ形状のシステムキャビネットがあり、業務用ドライヤー等の機器やリネン類の収納、パウダーカウンターが機能的に配置されている。このキャビネットは、フロアの開放性を保ちつつ、少人数スタッフでも目の行き届くサービスが可能なよう、天板までの高さは900〜1,320mmに抑えられており、かつ丸鋼脚にて床から浮いているため、軽やかな印象であるとともに、清掃のしやすさに寄与している。

　ここで特筆すべきは、ケアブースの「間のとり方」にある。平面図を詳細に見ると、隣り合うゲストシートはどれも3〜4m離隔されており、互いの会話領域（コミュニケーション領域とも言う）を干渉していない。つまり、フロア全体として開放感のある空間を共有しながら、施術中のスタッフとゲストの会話に当たって、互いに気遣うことが可能なのである。ブースの形を矩形にせず円形にしたのも、できるだけこの間合いをとりながら、無駄な空間をつくらない工夫とも言える。一般的な理・美容サロンの計画では、テナント制約や面積効率から手落ちになってしまいがちであるが、本事例のような声や音への配慮も忘れてはならないので、デザイン業務を行う際はぜひとも参考にしていただきたい。

▶ケア・キャビネット／足元を浮かせ、高さを抑えてある。ゲストのプライバシーと空間の開放性だけでなく、個人に合わせたサービス機能に応える造作となっている。

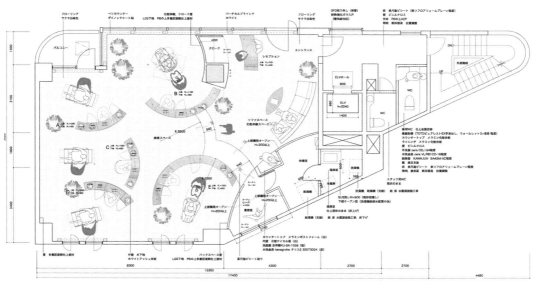

▲店内平面図／隅切り形状のテナント平面に対し、着座するゲスト相互の距離感を保ちつつ、無用な通路空間をつくらないよう、全体を通じて曲線を多用したインテリア・プランニングにまとめられている。この適度な離れによって、ゲストは互いの声や音に配慮しながら、安心して施術が受けられる。

森林を散策する楽しさと清々しさをキャビネットにて表現する

　丸みと厚みのあるケアブースのキャビネットは、大木の幹をモチーフとした木の箱として造作されており、これらの集まりが全体として森林の環境を抽象化し独特な空間表現を生み出している。案内されたゲストは、それぞれ高さや長さの異なる木の箱を通り抜けながら、清々しい森林の中を散策しているような楽しさと快適さを体験する。大きさ・高さにバリエーションを持たせた狙いとしては、各ケアブースごとに異なる包まれ方を与えるべく、リピート利用するゲストに毎回新鮮な体験をしてもらう工夫でもある。

　また、ディテールについては、ゲストのためのセーフボックス、施術用の各種リネン類、関連機器のほか、独立照明の調光器や電源コンセント、パウダーカウンターなどがシステムユニットとしてミニマルに組み込まれている。表面仕上げはホワイトアッシュ材突板張りであり、手で触れる際にぬくもりを感じるものにしてある。

◀キャビネットによる空間表現・体験／余裕を持って配置されたケアブースを包みながら、ゲストに対し訪れるたびに毎回違った空間体験をさせるアイデアが込められている。

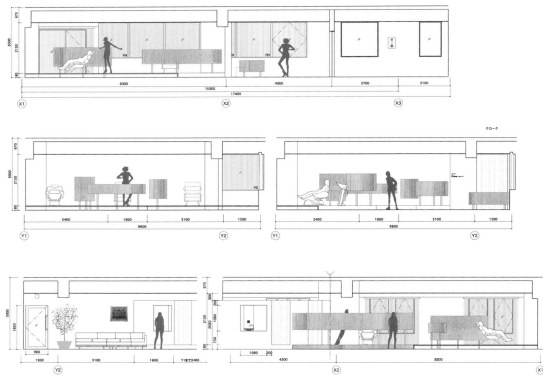

▲各壁面の展開図／高さ・長さともほぼすべてのキャビネットが異なる形をしている。水平方向の空間のつながりを保ちながら、ブースの先が見え隠れする様は、ゲストに対し森林の中を散策するような楽しさを与える。素材も木突板仕上げとしてあり、健康的かつ清々しさを手触りからも感じられる。

Case Study 1 | スキンケアサロン

箱体および棚扉の面材は、25mmの合板を曲げ加工し組まれている。また、木の面の美しさを活かすべく、引き手の代わりに扉下端の小口に手じゃくり溝加工がなされている。ドライヤーや手元照明など、ゲストが着座して使用する際の実質的な使い勝手については、平面図上のみで判断するのではなく、下の詳細図のように断面的に検討するのがよい。平面は「配置と使い方」、断面は「使い勝手と使用感」と覚えておくとよい。

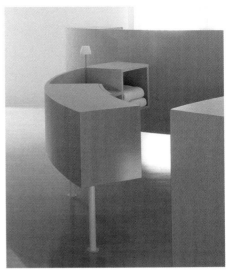

▶箱体の詳細／さまざまな施術用品や備品類が置かれることを想定し、シンプルに仕上げられている。また、使い勝手については断面的にも十分検討されている。

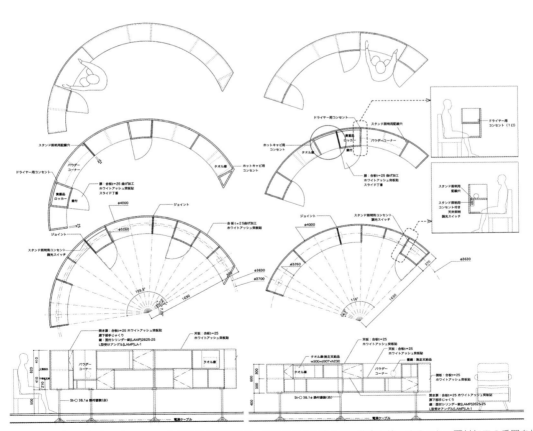

▲キャビネット詳細図／それぞれのユニットは独自の機能を持っており長さも違うが、曲率を統一することで面材加工の手間を抑えている。什器・家具類の詳細検討の際は、この事例のように使い勝手や使用感など事前に確認すべく、人体シルエットも用いて図面に起こすとよい。

4. 商業施設（店舗）設計のアプローチと設計例

コンセント・スイッチプレートを美しくスマートに納める方法

美容サロンに限ったことではないが、造作什器にコンセントプレートなどを組み込む際、そこにどんな種類の家電製品が接続されるのかを、デザイン段階でよく検討しておくとよい。下図はキャビネットのパウダーカウンター左右に組み込まれた照明・コンセントパネルの納まり指示図である。カウンター天板には38.5φの穴があけられており、デスクスタンド照明等の電源をとることができる。ハロゲンやミニクリプトン球のほか、調光器対応型のLED式照明などが接続可能である。調光器本体はキャビネットの背板内側にヌスミしろをとりながら、表面で面納まりとなるよう、フェイスパネル分だけ合板にしゃくりを入れてある。また調光器の反対側の側板面には、ドライヤー用のコンセントパネルがついているが、これは使用時の使い勝手や頻繁に取り外されることを考慮し、卓上設置とされている。

▼設備系納まりの検討／店舗・サロンに限らず、照明・コンセントパネルの位置と取り付け方は、接続される家電製品の種類と使い方を事前に検討し、適切な方法で納める。

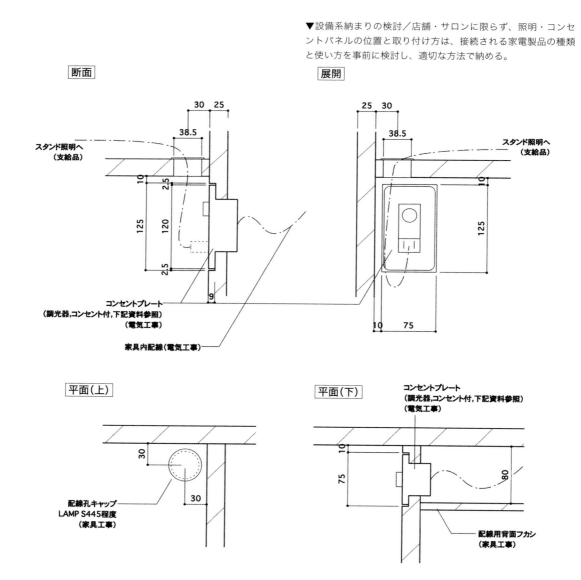

美しい納まりのための下地・固定金物の詳細

本事例のキャビネットは四つ足自立ではなく、「浮遊感」のある意匠表現を狙うべく、細い丸パイプ鋼材3本程度で床から支持されている。自重は比較的軽いが、ゲストが手を掛けたり、液体等の製品を収納することも考えられたため、下図に示す「いんろう（印籠）継ぎ」の段取り・支持方法が検討された。いんろうとは、元来釣り竿などの継ぎ手仕舞いを指す言葉であり、オス側をいんろう、メス側をすげ口と呼ぶ。こうして家具側と脚側をパーツに分けておくことで、工場での家具製作をしながら、もう一方で脚部のアンカー打ち作業が進められる。また現場での取り付け作業も容易になる。また特にこの例では、いんろう継ぎに中通し式の電気配線等を施している。

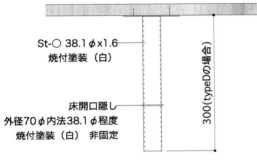

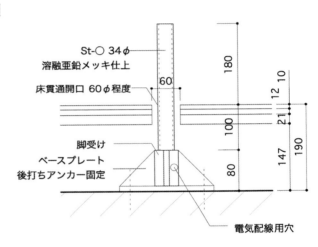

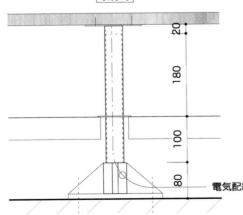

▲中通し式いんろう脚詳細／38.1φと34φの丸パイプ鋼材を「いんろう（印籠）継ぎ」に組み合わせて接合する方式。テナントのコンクリートスラブにアンカー固定するため、きわめて強靭である。また、キャビネットで用いる電源等の配線をいんろう内に中通しし、フリーフロア内にて取り回す。逃げ穴をとったフローリング材を貼って床を仕上げた後、いんろうの接合を行う。

Case Study 2
サウナ・デイスパ（都市型温浴施設）

計画概要

計画類型：テナント出店型
所 在 地：ターミナル駅前ビル3～5階
竣 工 年：――
計画面積：――

経営と市場環境を知っておこう

長い間、健康産業の流行はその勢いを留めることを知らず、ますますいろいろな健康志向ブームが出現している。老若男女が汗を流し、さらにリラックスをも求める現代社会の中のほんのわずかな時間に「ゆとり」や「癒やし」を求める人がいる限り、サウナ・デイスパのような温浴産業の活況は続くだろう。

本来のスパとは

「健康と美の維持・回復・増進を目的として温浴、水浴をベースにくつろぎと癒しの環境とさまざまな施術や療法などを総合的に提供する施設」と日本スパ振興協会ではスパを定義づけている。スパと聞くと海外やリゾートホテルにある施設をイメージする人も多い。それも間違ってはいないが、日本の古くからある文化の1つでもある。温泉文化は古代より日本独自の文化であり、宿泊しながら温泉治療する「湯治（とうじ）」はまさにリゾートスパの原型であると言える。どんな業種でもそうだが、スパを選ぶ基準として、価格はもちろんのこと、雰囲気、提供されるサービスが圧倒的に重視される。そして、スパを大きく2つに分類すると、リゾートスパとシティースパに分けられる。

[リゾートスパ→長期（宿泊）→カップル・夫婦→高価格]
[シティースパ→日帰り（デイスパ）→個人→低価格・リーズナブル]

というマーケティングがうかがえる。しかし、あまりにもリーズナブルだと「飽き」がくる。また、価値観＝雰囲気＝リラックス（満足）を目指すとなると、「クラブスパ（会員制スパ）」の形態をとらざるをえないのである。当施設はそこまで望んではいないが、目指すところはこの考えと近いものがある。

立地、物件条件の考察をしておこう

ほんのわずかな時間に「自分のために最も有効なカタチに自分をデザインすることがいかに大切であるか、それを知るからこそ私たちはこれまでのサウナ・デイスパとは明らかに違うものをつく

ろう」と、コンセプトを明確に打ち出し、このサウナ計画が立ち上がった。そして忙しい現代、限られた時間を有効利用するため、ターミナル駅前ビルという好立地もさることながら、女性専用サウナも「売り」になった（全国のターミナル駅前の女性専用サウナは非常に少ないのが現状である）。

当施設は3、4階は男性専用サウナ・スパ、5階は女性専用サウナ・スパとなっている。3階に男女共通の厨房があり、そこで調理された料理はダムウェーターで5階の女性フロアにも提供される。女性浴室の機械関係（ボイラー、ろ過器、循環器など）も4階に男性フロアと共通の機械室を設けている。

企画からサウナ・スパデザイン

スパ・温泉・温浴施設・サウナなどのデザイン設計は、物販店の要素・飲食店の要素・サービス業の要素のすべてがわかっていなければできない業務である。しかし、「人間の五感に満足＋癒し」を提供できるデザインの基本が備わっていれば非常に楽しくできる業務である（どんな店舗・施設の設計でも「五感に訴えるデザインを」と考えるのは当然であるが）。

さて、デザインワークだが、スパの基本は「開放感」であるが、矛盾もある。開放感を重視しすぎるあまり、すべてがオープンな空間は逆に落ち着かない。そのため、プライベート感も重要なファクターの1つであり、1人でリラックスできる空間も大切である（都市型デイスパなので1人客が多い）。そして、施設全体のイメージの統一も重要である。例えば、エントランスを入ったときから一貫したデザインがシンプルであること。これは人間は統一感に安らぎを見出すためである。何より自然の中に身を置くという意味でも、なるべく天然の素材（木・石・水）を使うことにしている。色調も天然色がベストであり、奇をてらう色形、黒などはNGであると考えられている。

▲レストランイメージスケッチ

デザインのベースになるカラースキーム（色彩計画）は、ヨーロッパの王朝デザインにあるような白ベースに黄色の配色を常に意識した。その中に赤い大理石を差し色にして、全体として落ち着きのあるデザインを心がけた。レストランエリアなど、フロアに椅子とテーブルだけ並べたフードコートや、学食のような1施設のコーナー、空間ではなく、各エリアにおいて専門のデザインをしていく心がけが大切である。例えば、カフェとバーのエリアなど1つの独立した店舗があるがごとくの雰囲気づくりをしていく。そうすることによって、デイスパとしていろいろな空間を楽しめる飽きのこないリラックスできる特別な店づくりができるのである。

▲エントランスイメージ／プラン初期段階では受付カウンターだったが、最終的に「おもてなし」精神でコンシェルジュデスクタイプの受付に変更。

ゾーニング計画と各エリアのポイント

　来場者（来店客）の動線や目線と従業員の動線、この両サイドの立場からゾーニング計画を進めていくことになるのだが、「サービス業」という立場からすると、従業員側からの動きや働きやすさではなく、圧倒的に客側からの動線、行動から全体の計画をレイアウトしていく。

　まず、大きな「括り」でエリア分けしていくと、次の3つが挙げられる。
- 浴室エリア
- 休憩エリア
- 飲食エリア

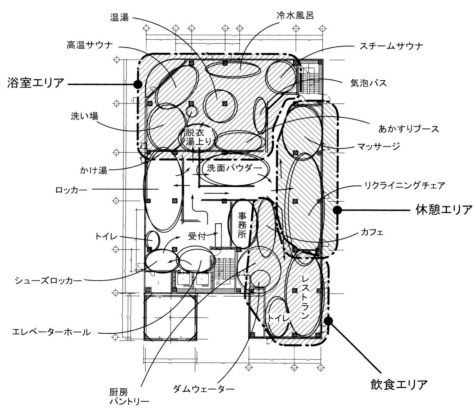

▲ゾーニング／このフロア（5階）にエレベーターで降りる→1段上がったフロアでシューズを脱ぐ→シューズロッカーへ入れる→受付カウンターでロッカーキーと館内着とタオル一式を受け取る→ロッカー室で館内着に着替える→脱衣、湯上がり室へ→浴室へ（風呂に入ったり、身体を洗ったり、髪を洗ったり、サウナに入ったり、水風呂に入ったり…）→浴室から上がり、脱衣、湯上がり室で館内着を着る→パウダールーム（メークしたり、髪をセットしたり）→リクライニングチェアで休憩したり→マッサージを受けたり→カフェでお茶したり→食事したり→ロッカー室で服に着替える→帰り際にもう一度パウダールームで整える→受付で精算→帰路へ

Case Study 2 | サウナ・デイスパ（都市型温浴施設）

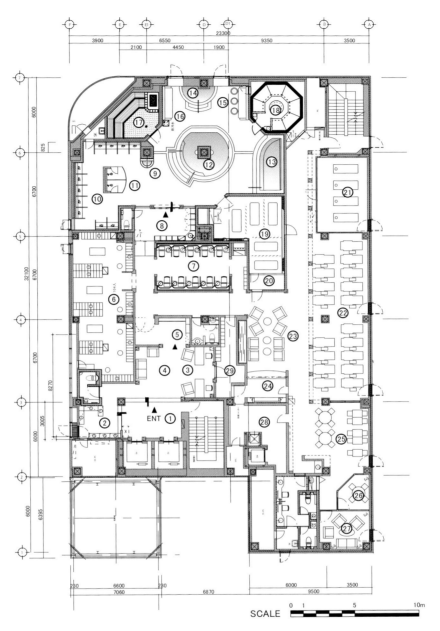

①EVホール
②シューズロッカー
③レセプションテーブル（受付、精算）
④エントランスホール
⑤貴重品ロッカー
⑥ロッカールーム
⑦パウダールーム
⑧脱衣、湯上がりスペース
⑨浴場かけ湯
⑩洗い場
⑪シャワーブース
⑫湯風呂
⑬シルキーバス
⑭水風呂
⑮ホットベンチ＋フットバス
⑯リラックスホットベンチ
⑰加湿高温サウナ
⑱スチームルーム
⑲ボディースクラブ（アカスリエステ）
⑳スタッフ控室
㉑ボディーケア（マッサージ）
㉒レストエリア（リクライニングチェア）
㉓カフェ
㉔バーカウンター
㉕レストラン客席
㉖個室A
㉗個室B
㉘厨房・パントリー
㉙スタッフ・事務室

▲平面図

設計と主要セクションのポイント

①ロッカールーム

ロッカー自体の大きさはW900×D550×H1,900mm、横に4人割。ロッカー間はベンチチェアを設置しているので2,000mmとっている。ベンチチェアを設置しない場合でも1,500mmはとっている。ロッカールームの内装仕上げ材には、ほかのエリアより気を使っている。床は殺菌性が見込まれるバンブーフローリング。壁は脱臭効果と湿気をとる多孔質セラミックタイル（エコカラットなど）を使うようにしている。

②パウダールーム

ヘアセットやメイクのときのプライバシーを第一に考え、木質のパーティションで間仕切り、照明も直接光ではなく柔らかい間接光と小さなスタンドライトで手元灯を設置している。椅子と手洗器も設け、W1,100mmの個人スペースを確保している。

③洗い場

身体を洗う、髪を洗う行為に対し、やはりプライバシーを確保するべく御影石のパーティションを900ピッチで設置している。シャワーは正面のミラーの横に取り付けるのが一般的だが、人によっては遠くに手を伸ばしてシャワーを握るのが大変なので、パーティションの右側に設置した。

④浴室仕上げ材の注意点

浴室の床は磁器質ノンスリップタイルや御影石などの花崗岩が好ましい。何故なら、大理石などは酸に弱く、床清掃時のポリッシャーでの酸洗いで大変なダメージを負うからである。

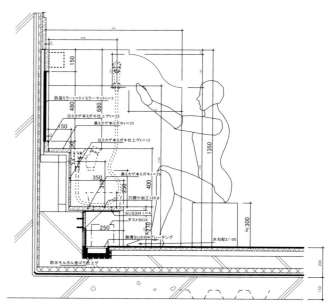

▲洗い場

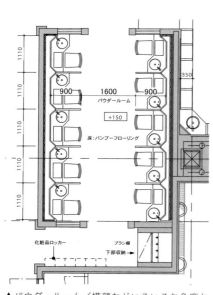

▲パウダールーム／横顔などいろいろな角度から見られるように、両サイド45度に折ったミラーを設置している。

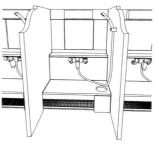

▲洗い場スケッチ

設計上の法的規則

●温浴施設の関連法規
- ・公衆浴場法
- ・公衆浴場における衛生管理（レジオネラ菌対策）
- ・水質汚濁防止法
- ・食品衛生法
- ・あん摩マッサージ指圧師に関する法律
- ・建築基準法（用途）（特殊建築物）
- ・消防法（防火対象物）
- ・その他、温泉法（温泉利用の場合）、旅館業法（営業時間による簡易宿泊行為が発生する場合）など

東京都火災予防条例サウナ設置基準抜粋*

(1) 避難上支障なく、かつ、火災予防上安全に区画された位置に設ける。
(2) 電気配線は耐熱性・耐乾性を有すること。
(3) サウナ設備を設ける室の出入り口等の見やすい位置に規則で定める標識を掲示する。
(4) 対流型サウナ室の技術指針の概要
  - ●避難階への直通階段による2方向避難が確保できる階に設置する。
  - ●サウナ室の面積は30m²以下
  - ●サウナ室、前室は1時間耐火以上。
  - ●扉は、防火設備・金属部分は可燃材料と接触させない。
  - ●室内に空気を強制循環させる、換気設備を設ける。
  - ●サウナ室が20m²を超え、かつ、高さ31mを超える階または地下階、鉄道高架下に設置する場合はスプリンクラー設備などの消火設備、警報設備を設置する。

　レジオネラ菌対策のための保健所の指導、「ろ過器で循環させた湯は吐水口からは出してはならない。吐水口からは「補給水（湯）」しか出してはならない。」となっている。ろ過器で殺菌された湯は空気に触れることなく浴槽に入れなければならない。循環させた湯は浴槽より高い位置から吐水口で注がれると誤飲される危険性もあるということなのだろう。公衆浴場法やサウナの設置基準で必ず「2方向避難の確保」という法律が出てくるが、歩行距離30m以内（15階以上の階は20m以内）となっている。そして、サウナの設置基準のスプリンクラーの散水半径は1.7m以内となっているので、覚えておいてほしい（一般の防火対象物は散水半径2.3m以内なので、間違わないように注意すること）。

Case Study 3
レセプション・ショールーム

Head Office Tokyo

計画概要

計画類型：レセプション・ショールーム
所 在 地：東京都中央区
竣 工 年：2010年5月
計画面積：1,537.5m²

コーポレイト・コミュニケーションとイノベーション・ビジョンを空間化する

　本事例は、東京都中央区にあるメーカー事業体の、オフィス集約化の一環として、同グループの顔となるオフィスロビー・レセプション機能を複合的に構築した計画である。同ブランドのポリシーである「清潔・美と先進性」を受け、かつ、豊かな生活文化の実現を目指す企業にふさわしくあるべく、柔らかで象徴的な空間をつくることがデザインコンセプトとして立てられた。白を基調としたトポロジー曲面による空間表現の中に、ロビーやレセプション、ショールームなどのコーポレイト・コミュニケーション関連のスペースだけでなく、社員も多用できるテーマ別ミーティングスペースなどのビジネス・イノベーション関連空間を、シームレスに高い機能性をもってプランニングされているのが特徴的である。来客者へのおもてなしや、ホスピタリティーを重視し、建物へのアプローチ通路からまず目に入るのは、同社製品のショールームスペースであるが、決して機能分断されておらず、緩やかにレセプションホールと連接している。ナレッジ・マネジメント分野においては、こうしたきっかけを持つ空間で社内外の「空気」が混じり合い、新たなアイデア創発へとつながると指摘されており、本事例は企業のイノベーション・ビジョンを空間化した好例と言える。

▶ショールーム部分内観／製品のサイズから考えると大きな空間は必要なく、目指すべきイノベーション・ビジョンについてさまざまな立場から意見交換がなされるリエゾンとしてつくられている。

行き交う人々に行為の多様性を誘発するインテリア・プランニング

規模の大きな組織・企業体の本社レセプション空間には、多数の協力会社スタッフ・クライアント・訪問者などが来訪する。オフィス建築の計画基準にその広さや量的指針は何ら明示されていないが、「どんなアクティビティを起こさせたいか」という質的創造は、デザイナーのプランニング技量とクライアントの意思決定によって豊かになる。本事例の受付カウンターは、柔らかな石鹸の泡を抽象化したパーティション造作物であり、ある部分では囲まれた領域を持ちつつ、ほかでは肘をついて立ち話ができる。そこで時間を決めずに話す必要が起これば、すぐ隣のオープン会議スペースに場を移すことも容易である。また、職場フロアの違いから、ふだん顔を合わせない社員同士がすれ違い挨拶を交わし、業務のアイデアについて指摘し合うなど、行き交う人々に多様な行為を誘発することが、長期的に見て企業の知的生産性の向上に寄与する。

▶レセプション空間／外部アプローチからの機能的配置をとるも、多様な行為の誘発空間としてレセプションが置かれているのがわかる。

▲レセプションカウンター／ショールーム、各テーマ別ミーティングスペース、オープン会議室、パントリー、待合いゾーンなどが中央のレセプションホールとカウンターに向かってシームレスに連接しており、有機的な曲面でつくられた受付パーティションが多様な行為を受容する中心を担っている。

肌触り・質感からショールーム・クオリティーを表現する

本事例では、デザインコンセプトの実現に当たって、家具・什器のすべてをオリジナル造作としている。例えば、ショールームスペースでは、テーブルはコーリアンのシームレス加工に全磨きで仕上げ、自然な肌触りから清潔・美・健康を体感させるよう工夫されている。ここで扱うのは、日常的に用いる生活用品が多いため、過度な飾り立ては必要なく、視覚的にも手触りとしても優しい。また、長テーブル卓上には観葉植物の植升がしつらえてあり、誰にでも得うる美しい生活環境のイメージとしてまとめられている。一方、ショールーム奥側の壁面は、鋼板張りにウレタン塗装にて、白い清潔な磁器に描かれるようなドットパターン・グラフィクスが表現されている。

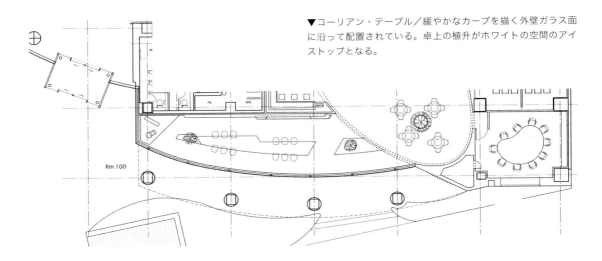

▼コーリアン・テーブル／緩やかなカーブを描く外壁ガラス面に沿って配置されている。卓上の植升がホワイトの空間のアイストップとなる。

◀ショールームの素材／コーリアン製のテーブル。天板も含めて全体をマット仕上げとしてあり、品のよい食器の印象を持つ。床は吸音二重床に、木目の美しい幅広のオーク材フローリング。テーブルおよび壁面の間接照明によって一層優しげに暖かく照らされている。

見る位置・角度によって形の印象が変わるトポロジー立体

オフィスへの細い通廊を抜けた先には、広いレセプションホールの中央にダイナミックな造形のパーティションが置かれている。前述の通り、このパーティションは多様な行為の誘発を狙って平面計画されているが、立体造形物としても、見る位置・角度によってまったく印象が変わるのが興味深い。この視覚的効果は、あらゆる部位がトポロジー曲面（三次曲面）にて構成されているからであるが、コーリアン素材による製作に当たっては、設計段階での綿密な図面検討と、手作業の現場磨きが欠かせない。また、パーティションを取り巻く壁面は、伝統技法である左官・塗り壁とし、より自然な滑らかさと白さの表現に徹している。

▶パーティションの造形／すべてコーリアン素材のシームレス処理が施されている。シンプルな印象ながら、3軸いずれの方向にも曲断面を持つ複雑な造形物であるため、角度・方向によってフォルムが変わって見える。

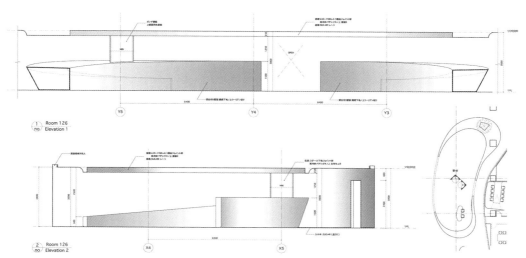

▲パーティション展開（投影）図／受付付近での機能的高さや来客からの視線、高く立ち上がった部分での囲まれ感などを投影図を用いて検討する。また、広いホールなどに立体造形物を置くと、空間の奥行き感が増幅されるという空間心理効果も働く。

クリエイティビティを刺激する個別テーマのミーティングスペース

本計画では、大小合わせて16室のミーティングスペースがあるが、すべて個別のテーマが与えられ、特徴的なデザインに仕立てられている。例えば、下記の展開図に示す部屋では、天井の入隅をラウンド処理してある。これは単なる造形操作ではなく、矩形空間独特の緊張感を柔らげる工夫になっている。また、壁面は白色ホーロー仕上げとされており、プロジェクター投影をはじめ、印刷媒体や資料のピンナップなどが自由に行える、いわば発想重視型のしつらえが特徴である。その他、半透過ガラスで隔てられた2部屋のミーティングルームでは、会議のスタイルや議題に応じて、即座に場の選択ができるという新たな活用の幅を生んでいる。

▶各壁面の展開図／高さ・長さともほぼすべてのキャビネットが異なる形をしている。水平方向の空間のつながりを保ちながら、ブースの先が見え隠れする様は、ゲストに対し森林の中を散策するような楽しさを誘う。

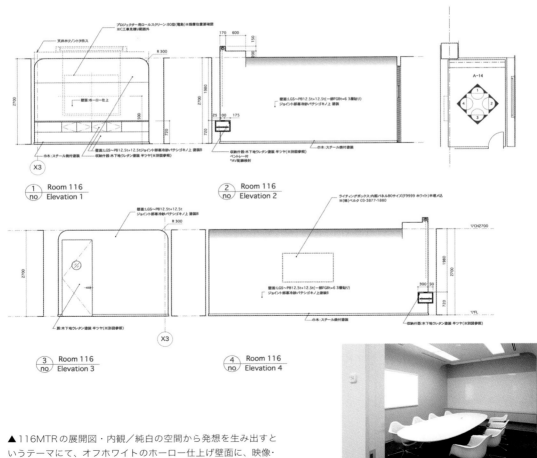

▲116MTRの展開図・内観／純白の空間から発想を生み出すというテーマにて、オフホワイトのホーロー仕上げ壁面に、映像・資料などを貼ることができる。

綿密な素材選定から
モチベーションを向上させる

　高いクリエイティビティと業務モチベーションの維持は、いかなる企業のオフィス環境にも求められるが、本事例では素材選定においても個性に富んだ多様さを実践している。例えば、天井に木漏れ陽模様をあしらい、ガラスと目隠しパネルで開放的な空間をつくり、全体として庭のような雰囲気を持つ部屋。例えば、モルタル仕上げの壁面とともに、芝生のようなカーペットをコーディネートし、利用者の意表を突くことでリフレッシュ効果を高める部屋。これらのデザインテーマを100％実現するべく、オリジナルデザインのテーブルも製作された。また、待合いの訪問者向けに用意されたドリンクバーには、現場工事の際に不要になった建築端材を壁面のイメージマテリアルとして流用している。

▲天井の木漏れ陽模様／フラット天井の均質さに対し、木漏れ陽模様をあしらい、雰囲気を持たせている。

▲素材感のコントラスト／モルタル壁面と毛脚の長いカーペットのコントラストから、視覚的なリフレッシュ効果を引き出している。

▲部屋と連関するオリジナル家具／こうしたインテリア工事では家具造作は一般的であるものの、この事例のように壁と一体でデザインされたものはあまりない。利用者の意表を突き、クリエイティブマインドを刺激する。

5編

店舗の企画・設計の進め方

5.1章　スタートアップ

> クライアントからの店舗新規出店またはリニューアルの依頼を受けて、その店舗経営の理念や方針などをディスカッションする中で、クライアントの希望と経営の狙いを把握することから始める。

適正な利潤を追求するためには次の6つのWを2つのHの要素によって調査分析、企画立案する必要がある。

```
・When      （いつ）
・Where     （どこで）
・Who       （誰が）
・Whom      （誰を対象に）
・What      （何を）
・Why       （何の目的で）
・How       （どんな方法で）
・How much  （どんな規模で）
```
▲マーケティング調査の6W2H

- When（いつ）　時代特性・歳時記
  開業の年度や季節ごとの展開が重要。

- Where（どこで）　地域特性・競合環境
  開業の場所は立地環境が重要。立地する地域の気候、風土、習慣から商圏内顧客の特性調査、競合環境の調査が必要である。

- Who（誰が）　事業主体特性
  資金調達能力とともに、事業者主体の歴史的経緯や、信用、組織構造、人材などの特性を知る。

- Whom（誰を対象に）　顧客特性
  顧客がどのような購買目的を持っているか顧客創造し、より深い顧客の分析が大切である。

- What（何を）　商品特性
  顧客が美しいと思う商品構成であり、関連商品全体が調和のとれた基盤に立った商品は集積力へとつながる。時代に合った納得のいく価格であること。

- Why（何の目的で）　高い理念
  事業主体者の夢や思いを具体化する企画であるとともに、外的事情による企画にも、社会的な必然性を発見し、主体的な意識を持つための動機づけが重要である。

- How（どんな方法で）　戦略的企画立案
  6つのWを基に、これらの要素を横断的、統合的に再構築し、具体的な方策で戦略的に最適な店舗の企画を行うことが肝心である。

- How much（どんな規模で）　運営収支性
  事業主体者が事業に関係する規模や経営収支などの考察企画をする。

> 以上のように基本的な経営思想をクライアントから吸収することが、これから着手する企画提案に重要な課題である。

5.2章　商圏・市場調査

立地調査

出店においてその商売に適した場所を探すために候補地周辺の地域特性を調査すること。

主に、開業予定地周辺の交通状況、地理的条件など、人の流れを左右する要因を調査し、その場所が商売に適しているかどうかの判断材料を集め、候補店舗の商圏を的確に把握し、スタートアップの立案企画に沿う店舗を選択。また、店舗企画においても立地条件を考慮した内容を提案できるよう調査する。

立地環境の状況の把握

- 競合店の店舗数と営業内容：規模、従業員数、商品構成、客単価および回転数、営業時間の調査。
- 来店は電車、バス、自家用車の乗物か徒歩か、距離関係の調査をする。
- 商店周辺市街地の規模や地域特性などを調査する。
- 客層の人口、家族構成および生活状況を調査する。

立地環境から、商圏を設定し、対象消費者を想定する。また、商圏内を市場として、さまざまな考察をすることが重要となる。

商圏の設定

商圏内の開発計画や生活環境の調査をし、商圏の分類をする。

- **近隣商圏**（半径1km程度）：最寄り品が中心で、地元生活者が食品などを徒歩または自転車などで日々必要な買い物をする。
- **地域商圏**（半径4～5km）：最寄り品および買回り品が混在し、小型百貨店、総合スーパーなどがあり、車やバス、鉄道などにより来店することもある。
- **広域商圏**（半径10km以上の範囲）：買回り品が多く、百貨店・量販店などがあり、車やバス、鉄道などにより来店する。
- **超広域商圏**（遠距離）：買回り品中心で、都市型百貨店、大型量販店などがあり、主に鉄道などで遠くから来店する。

すでにある店舗の場合は、顧客データやアンケートによって実務商圏を知ることができる。これから出店する場合は調査が必要である。

まず商圏を推定する。
- 商業分布（競合調査）
- 地理的特徴
- 駅や道路などの交通状況
- 住民の通勤通学や買い物などの生活動向

競合店の存在によって、自店の商圏は小さくなる。また、大きな川や道路などで地理的に分断されると、商圏も分断される。駅や道路の位置によって商圏の範囲も影響を受ける。

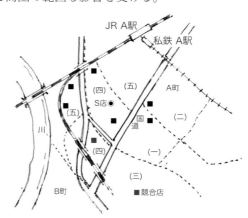

▲S店という店舗を想定した商圏内競合店分布図

自店と競合店を調査することによって、自店の経営戦略を練ることができる。自店と直接競合しない店舗であっても、地域にある店舗を調査して比較検討することによって、自店の方向性を決定するときの判断材料となる。客観的な目で競合店を見て、よい点を見つけて、自店の強み・弱みを把握した上で、競合店のよい点は見習い、戦略や運営に取り入れていく姿勢が大切である。

市場調査

- 商圏内における購買力の算定。
- 商圏内における競合店の実態把握を目的とし、調査する。
  例：年間における消費者の購入額の算定方法は総理府統計局による家庭調査資料などを参考に想定する方法もある。
  1世帯当たり購入額×商圏世帯数＝総購入額
- 現地周辺および建築物全体の法的(建築基準法、消防法、都市計画法等) な関係法令制限の有無等の調査をすることも重要である。
- 店舗の実測、建物の構造実態調査、写真による実像把握も欠かせない調査である。

> 昨今は、時代とともに地域性が変化してきており、それぞれの立地を調査し、企画に反映し、検証していくことが必要とされている。

5.3章 調査報告とプレゼンテーション

調査結果から、経営が成立するのかの見通しに対する意見などを検討するとともに、基本的な要素を検証し、最適な店舗企画を提案することが重要である。
相互関係を理解し、立体的なプレゼンテーションを行うことが大切である。

■プレゼンテーションにおける重要な要素

- ・コンセプト（Concept）
- ・キーワード（Keyword）
- ・総合的なイメージ（Image）
- ・カスタマイゼイション（Customization）
- ・マーチャンダイジング（Merchandising）
- ・オペレーション（Operation）

● コンセプト：概念・観念・考え方
基本的な骨格に当たる要素（6W2H）を具体的に把握し、総合的判断の中から目標の設定をすること。

● キーワード：重要な鍵となる言葉
企画全体を通して、何を伝えたいのか一言で言い表す明確な指針。

● 総合的なイメージ：画像・映像・絵・模型
新鮮な期待感あふれる企画をわかりやすく伝え、説明することが重要である。
そのため、映像やグラフィック、模型などのイメージボードを作成し、時には音楽なども交えて企画イメージの設定を共有化する。ビジュアルでイメージするために透視図（パース）やスケッチ、雑誌からの切り抜きなども有効な手段である。

● カスタマイゼイション
顧客ニーズに合わせた商品提案または商品創造。商圏内顧客の実態調査や、時代特性などから顧客の望んでいる商品開発、創造、商品構成の改善や、商品価格の設定などを変化させることが肝要である。

例：しまむらは地域特性などに合わせて商品構成を変えて対応している。
例：一時期のマクドナルドは、地域店舗によって商品価格を変えていた。

● マーチャンダイジング：商品化計画・MD
顧客の欲求に適合するような商品を適正な数量・価格で、わかりやすい商品構成にすることが重要である。
VMD：ビジュアル・マーチャンダイジング：経営的な視点から、商品政策や店舗政策を統合的に捉えて、顧客から見た魅力的な店舗づくりを行うこと。

● オペレーション：運営計画
商業の変化に対応しながら、商業全体や地域特性、顧客需要に対応した運営計画が肝要である。人員確保、対応研修などの重要性を考慮した店舗計画を再認識し、挨拶から清掃、商品管理までにわたる全体の計画。経営に関連する重要な要素である。

プレゼンテーションの構成要素

　プランに基づいて、事業主に対して正しく理解をしてもらうために、図面、パース、モデリング（模型）、エスキース、CI計画、事業計画書などを用いて企画内容の打ち合わせを行う。最適な案を選択する。

● **平面図**（間取り。目線の高さ≒1,500mm程度の高さで建物を平面に切った図）
　主に上部から見た店内の構成や部屋同士のつながりを理解する。また、横方向の寸法を明示する。

● **展開図**（断面図）
　建物を縦方向に切った図。主に高さ関連の寸法がわかる。壁面の仕上げやつくり付け家具の仕上りを理解する。

● **パース**（透視図）
　デザインイメージを伝える立体図。1点透視図、2点透視図、アイソメトリックパース。主に完成前に打ち合わせや完成予想として使用。内装および外装パースがある。店舗の場合、内装パースがかなり重要である。

● **モデリング**
　模型表現。スチレンボードなどの模型材料で立体化。表面には用紙類を貼り付け。薄い壁などは厚紙を使用する。人間のサイズを表現するとよい。縮尺を正確に起こす必要がある。

● **エスキーススケッチ**
　構想段階の空間を図やスケッチで表現する。店舗オーナーに見せる立体予想図。簡易模型でも代用できる。

● **CI計画**
　コーポレート・アイデンティティ。企業が掲げてきた理念や事業内容、また企業の社会的責任（CSR）等に基づいて自らの存在価値を体系的に整理し、改めて定めた理念やそれに基づく行動指針を企業内外で共有することで、よりよい企業活動を行っていこうとするもの。主に、店舗デザイン上ではサインや店舗ロゴで表現されることが多い。物販店では包装紙や紙袋、パッケージデザインにも活用される。

● **事業計画書**
　長期、短期の営業方針、収益計画および見通しなど、計画を詳しく表した書類である。

　プレゼンテーション後、プランが決定し次第、所轄の役所による関係書類の確認指導などを受け、法規上の問題点を指導チェックしてもらい、問題点があれば解決するようプランの変更なども考慮した上で、店舗の内外装の設計契約、工事契約などが成立したら、店舗の内外装の設計、およびアプリケーション（ロゴ、名刺、その他）作成、オペレーション作成などの具体的な実施作業へ移る。

5.4章　設計着手

　打ち合わせ事項およびクライアント側の要望・企業理念などを、十分な配慮と確認書類などで反映させて、店舗設計作業に入る。

▍提出する店舗設計図面の一覧（基本）

- ●完成予想図
- ●実測図
- ●平面図
- ●立面図
- ●配置図
- ●展開図
- ●床伏図
- ●天井伏図
- ●断面図
- ●什器詳細図
- ●商品配置図
- ●店内パース
- ●照明配置図（天井伏図）
- ●設備関係図（電気図）
- ●完成模型
- ●仕様書
- ●予算書
- ●サイン関連図

　図面作成に当たっては、上記に準ずる内容を十分に考慮し提出することが必要である。

　同時に、設計契約の取り決め日で監理業務についても同様な仕事なので、発注者側と着工前に十分な話し合いを忘れてはならない。

　この図面類を基に、十分な検討、両者の合議合意の上で工事発注業務作業を進めていく。

　工事発注作業の第1段階として、見積り作業を行う。

5.5章　見積り検討

> 前述の設計図面を基に施工業者に見積りを依頼する。施工業者からの見積りが適正の価格であるかのチェックをする。

　適正価格のチェックにおいては、複数業者に対する相見積り（同条件の設計図面でいくつかの業者に見積りを依頼し、比較すること）なども、適正価格を知る上で有効な手段である。

　昨今では、不正防止のため相見積りは必須という傾向もあるので、注意したい。

　見積り上で、予算オーバーの場合は図面の変更をできる限り少なくし、仕様および選定機材の変更等により解決していく。変更においては、クライアントの承諾を得ることを忘れてはならない。

　適正な見積りを基に、最終仕様・最終選定機材の決定をクライアントと合意し、発注先業者を決定し、契約後工事開始となる。

●見積り項目
1. 仮設工事（工事に必要な電源、水、仮囲い、養生足場ほか、機材）
2. 組積工事（ブロック仕切等）
3. 軽鉄工事
4. 左官工事・タイル工事
5. 防水工事
6. 木工事
7. 建具工事
8. 家具什器工事
9. 塗装工事（塗り、吹き付け等）
10. 内装仕上げ工事(経師、床敷きほか、表面仕上げ材)
11. ガラス工事（サッシ、ガラス、ミラー等）
12. サイン・看板・オーニング・小物等
　　（看板からパンフレット、包装紙等、ショップカード、名刺、ほか）
13. 金属工事（装飾金物、構造金物）
14. 給排水・衛生工事（厨房、トイレ、手洗い等）
15. 冷暖房・空調工事
16. 電気工事（電灯、電力等）
17. 音響工事（有線放送、オーディオほか）
18. LAN配線・インターネット接続工事
19. 防災工事
20. 厨房器具
21. 備品（皿、カップ、飾りなど）
22. 造園・石工事
23. その他
　　（建築的工事、土木、基礎、仮枠、鉄骨、外壁、屋根、板金、側溝工事等）
24. 養生・清掃・片付け
25. 運搬諸費
26. 現場諸費
27. 諸経費

5.6章　施工・設計監理

　事業主（発注者）は、施工会社から見積りをとり、これを基に検討した上で予算の調整を行い、工事の発注をする。設計監理は（実施設計書通りに施工されているかを監理すること）はすべての工事が終了するまでの責務があり、現場での双方のクレームにも対処しなければならない。
　現場での定例会議（工程会議）を数回持つことで、進行状況とスケジュール通りに現場が進行しているかどうかなどの確認や、現場のでき上がりが設計通りかなど、現場の各業者の担当と（現場監督を中心に）段取りなども含めて調整する。

現場での注意するポイント

- 防水工事（水回り建築との取り合い[*1]）
- 厨房とカウンター什器との取り合い[*1]部分（防炎）
- 厨房の排気フードと天井照明や空調設備との取り合い*
- 外部への工事作業音（騒音対策）

　* 一般的な取り合いは奪い合いを意味するが、現場用語では、部材の組み合わせ方、接続の仕方などの調整が必要な部分や箇所、または調整方法を指す。

工程表

　施工着工から開店までの工事期間を日割り表にして、各種施工業者が作業日時・期間を記入することで、作業上の手順調整と段取りを関係者同士で共有する。
　施工日程の尊守については、店舗が賃貸物件の場合、工事進行途中で、補修を必要とする箇所が見つかることがある。是正に必要な改装費や改装段取りは、物件の貸主側との交渉調整が必要となる。経費や日程も本来の店舗施工業務と兼ね合いで、調整が必要。元来の日程や工程が違ってくる場合があり、注意を要する。仕入れ品の搬入日程や、発注にも関わってくるので、監理者は、クライアント側と連絡確認を怠らず、責務として作業工程の管理の一環として事に当たることが大切である。工事終了まで、安全に進行するよう、潤滑油の役割を果たさなければならない。
　工事完成前に、工程表と設計図のチェックも怠りなく行い、詳細に修正作業や報告を行うことを忘れてはならない。

5.7章　発注者への引き渡しと確認作業

> 完成店舗の引き渡し前、竣工検査で、不具合があれば、修正作業をする。その後、役所関係の立ち会い後、許可書の交付がされ、営業開始（開店）となる。

業種により、飲食サービス業については特に、役所関係の許可申請の手続きはすべて尊守する。顧客の健康に直結し、時に命にも関わることであるため、重要なポイントとして記憶すること。

例：飲食サービス業の場合

- 食品営業許可申請の流れ　　図面の指導を受けるなど
- 保健所に出向き、事前相談
- 食品衛生責任者の資格取得　　栄養士、調理師の有資格でない場合は、食品衛生責任者養成講習を受講し、資格を取得する。
- 申請書類の提出
- 店舗検査
- 営業許可証の交付　　店舗検査に合格後
- 営業開始

店舗が駅ビルまたはショッピングセンターなど、大型集合店舗であれば、完成図の提出などが必須とされるなど個別の対応が必要となる。

●食品衛生法における規制対象業種区分

飲食店営業	喫茶店営業
一般食堂 料理店 寿司屋 蕎麦屋 旅館 仕出し屋 弁当屋 レストラン カフェ バー キャバレー その他飲食を調理し、または設備を設け、客に飲食させる営業	喫茶店 サロン その他施設を設けて酒類以外の飲物または、茶菓を客に飲食させる営業

開店へ

引き渡し終了後、営業開始に向けて、開店準備期間を設けて、従業員教育のトレーニングなどをしっかり準備することも忘れてはならない。

●飲食店に関する法規

建築基準法	用途	飲食店
	特殊建築物	飲食店
都市計画法	市街化調整区域	近隣住民の利便に供する小規模店 店舗外、原則として禁止
消防法	防火対象物	キャバレー、バー、ナイトクラブ、待合料理店、飲食店
東京都建築基準法施行条例		接道条件、階段の設置、構造等
東京都福祉のまちづくり条例		身障者・高齢者への配慮を要する施設の基準
東京都駐車場関連制度		附置義務駐車台数と施設基準
東京都火災予防条例		厨房施設基準、裸火規制等
食品衛生法、同施行細則		厨房施設基準、裸火規制等
風営法、条例		深夜飲食店・酒類提供飲食店の施設基準と地域制限
屋外広告物法、条例		広告物等の施設位置、場所、規模形状等の規制

6編

付帯設備と関連法規

6.1章　商業施設のユニバーサルデザイン

6.1.1　階段

　階段は、位置の設定や、構造次第で空間デザインの大きなポイントになり、設計者の腕の見せ所の1つとなる。一方、転倒や転落など大きな事故の起こる可能性の高い場所であり、安全に対する配慮は重要である。そのため、階段の蹴上・踏面の最低基準寸法は、建築基準法に定められている。

　事故防止のためには、勾配は緩やかにし（理想は30°前後）、靴を履いたままでも足が出ない程度の踏面を確保することが大切である。靴を履いて上り下りする場合、蹴上10〜15cm、踏面30cmという寸法を基準に考え、やむをえず急勾配になる場合でも、踏面をしっかり確保することで、安全性を高めることが必要である（下図参照）。また、踏板が蹴上板より突き出た部分（蹴込み）は、足先をひっかけやすく転倒の原因になるため、2cm以下が推奨されている（下図参照）。段鼻には滑り止めをつけるが、つまずき防止のため、できるだけ踏面と同一面で処理することが求められる。

　階段は、その空間の中での位置や形が店舗全体のイメージだけでなく、動線や安全性にも大きく影響する。らせん階段や、まわり階段、吹き抜けに面したオープン階段はダイナミックな店舗の演出としても有効である。しかし、らせん階段やまわり階段の踏面の狭い部分は、足を踏み外しやすく、注意が必要である。また、一直線の階段は、転落時に一気に下まで転がり落ちる危険性が高くなる。落下距離を短くするために、踊り場を設けるといった工夫が有効である（右図参照）。

　手すりの設置もまた安全性に大きく寄与する。身体支持用の手すりを適切な高さ（75〜85cm）で階段の両側につけることで、上り下りどちらにも対応でき、高齢者や子どもの転倒・転落防止につながる。子ども用の低い手すり（60〜65cm）も併設すると、より効果的である（右図参照）。

　また、通路やドア、特にガラス戸との位置関係、ドアの開き勝手には十分な注意が必要である。階段の最下段の先にガラス戸を設置したり、部屋の出入り口と階段が近いと事故が起きやすく、また事故による被害も大きくなる。

　店舗の種類や場所、規模等の条件によって基準となる寸法は異なるが、最低基準をクリアするのではなく、安全側にゆとりを持たせた計画が来店者の幅を広げることにつながる。

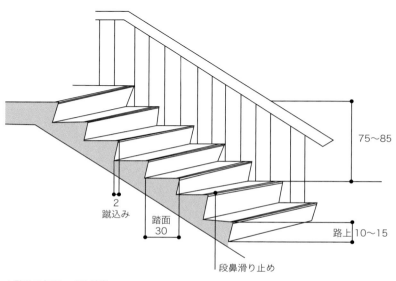

▲階段の勾配・寸法基準

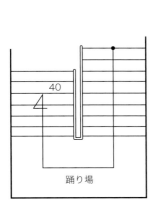
▲踊り場の設置

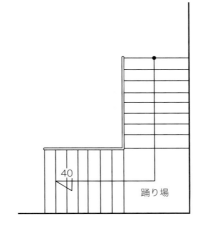

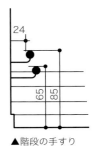
▲階段の手すり

6.1.2　障がい者に係る施設

　高齢者や障がい者の移動等の円滑化の促進に関する法律として、バリアフリー法が2006年に施行された。この法律は、高齢者、障がい者等の自立した日常生活および社会生活を確保するために、旅客施設、車両等、道路、路外駐車場、都市公園、建築物に対し、バリアフリー基準への適合を求め、これを推進しようとするもので、心のバリアフリーについても言及している。

　店舗デザインにおいても、バリアフリー法をベースに、「どこでも、だれでも、自由に、使いやすく」というユニバーサルデザインの考え方を取り入れて、設計することが必要である。

　東京都では、2009年に「東京都福祉のまちづくり条例」が改定され、「すべての人が安全で、安心して、かつ、快適に暮らし、訪れることができるまちづくり」を進めるという趣旨を踏まえた「店舗等内部のユニバーサルデザイン整備ガイドライン」を提示している。このガイドラインが示す3つのポイントは、次のとおりである。

①誰でも店内に入ることができる。
②誰でも施設の利用目的を達成できる。
③誰でもわかりやすく円滑に施設利用できる。

これをベースに高齢者や障がい者に配慮した設計になっているかどうかを確認しよう。

◎　誰でも店内に入ることができる

　健常者はもちろん、車椅子、ベビーカー、視覚障がいの来店客や妊婦が、自らスムーズに店内に入ることができるよう配慮と工夫が求められる。アプローチ道路から店内まで段差がないことが理想だが、どうしても段差ができてしまう場合は、スロープまたは簡易スロープ板での対応が必要である。特に、電動車椅子は重量があり、大きな段差は人的介助で対応できないこともある。スロープの勾配は、屋内で1/12以下、屋外では1/20以下が理想で、端部には平たん部が必要である（下図参照）。

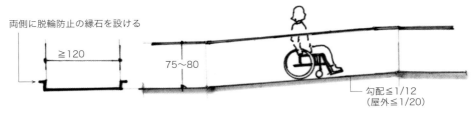
▲身体障がい者の移動しやすいスロープ（斜路）

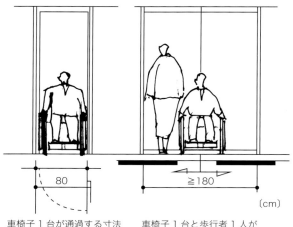

車椅子1台が通過する寸法　　車椅子1台と歩行者1人がすれ違える寸法

▲店舗の出入口

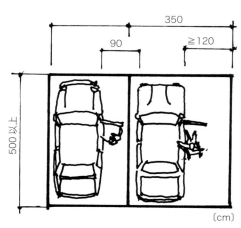

▲杖使用者と車椅子使用者が乗降しやすい駐車場

　出入り口は車椅子が通るに十分な幅（有効寸法80cm）を確保することも重要である（左上図参照）。引き戸であれば、車椅子使用者にとって利用しやすいものになる。屋根や庇をつけて雨の日に配慮することも必要である。駐車スペースを設置する場合は、車椅子での乗降を考慮して、余裕を持ったスペース（幅約3.5m）を用意する必要がある（右上図参照）。

◎　誰でも施設の利用目的を達成できる
【1】　すべての店舗に共通する配慮
　店内で必要な配慮は、店舗の種類や規模によって異なるが、すべての店舗に共通する配慮として、出入り口同様、まずは、誰もが単独で店内を自由に移動できることが求められる。そのため、床面は段差をできる限りなくすことが基本である。やむをえず段差が生じる場合は、店内でもスロープを用意し、車椅子やベビーカーが店内の目的の場所（席や棚）に到達できる通路と通路幅を確保することが必要である（左下図参照）。

　さらに、車椅子やベビーカーが方向転換するための転回スペースを店内に1か所は用意しておく（右下図参照）。

　また、数cmの小さな段差は気づきにくく、つまづきやすいので、色をつけるなど目立つようにして注意を促すことが大切である。

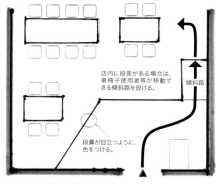

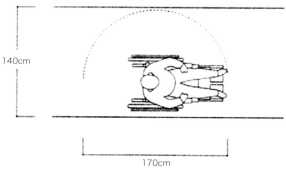

▲車椅子180°転回の場合に必要な通路幅

●傾斜路設置に関する注意点
・勾配は1／12以下とする。
・手すりを設ける。
・始点、終点には平たん部を設ける。
・傾斜のある部分は、滑りにくい材料や仕上げとし、特に表面が濡れる恐れがある部分は仕上げに配慮する。
・傾斜のある部分は、平たん部の色と明度差の大きい色とすることなどにより、これらと識別しやすいものとする。
▲店舗内の段差に対する対応例

子どもや視覚・聴覚障がい者に対する危険や不安の排除もまた重要である。例えば、子どもの目の高さに危険な突起物をつくらない。緊急時には視覚と聴覚の両方に働きかける警報を用意するなど、事故を未然に防ぎ、すべての利用者に危険を知らせ、避難を促す工夫が必要である。

【2】 店舗の種類によって異なる配慮

飲食店の場合、小規模で通路幅の確保が難しい場合でも、最低1か所は車椅子で直接、単独で着席できるテーブルを用意する。固定椅子やハイカウンターのみの店舗では、高齢者や車椅子での利用は困難である。また、個室化のための間仕切りも可動にしておくことで、車椅子での移動や着席にフレキシブルに対応することが可能になる（下図参照）。

物販店では、誰もが自由に店内を移動し、商品を見て、手にとって選べる配慮が必要である。車椅子利用者の視線と手の届く範囲に配慮した商品棚のサイズ設定と配置が望まれる（左下、右上図参照）。

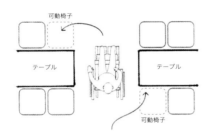
▲飲食店の場合の通路幅

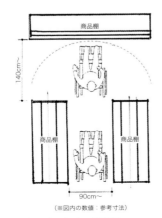
▲物販店の場合の通路幅

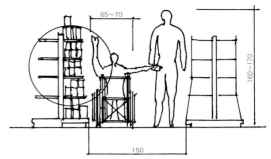
▲車椅子利用者の手の届く範囲および車椅子利用者と健常者がすれ違える通路幅

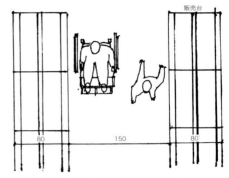
▲店内通路、車椅子利用者と健常者がすれ違える通路幅

日常的な店内の情報伝達については、音声と視覚の両方で行うことで、視覚・聴覚障がいの方にもタイムセールなどの情報を伝えられる。さらに、子ども連れの方にはキッズコーナー、赤ちゃん休憩室の設置などが有効である。また、広い試着室は、子どもを連れて利用できると同時に、高齢者や障がい者が介助者とともに利用できるメリットもあり、利用の幅が広がる。

銀行など窓口サービスが主体の店舗では、立位と座位に対応できる、異なる高さのカウンターや介助者と並んで利用できる幅、車椅子やベビーカーでの待機スペース、音声と視覚による呼び出し等の情報伝達などの配慮が必要となる。

◎ 誰でもわかりやすく円滑に施設利用できる
【1】 案内標示

案内標示は、その書体、色、表示位置、ピクトグラムの活用による視覚的なわかりやすさが重要である。視覚障がいには弱視や色覚障害などさまざまな種類があり、人によって見え方が異なる。

▲見やすい案内標示の高さ

高齢化による視力低下は、個人差はあるがほとんどの人に起こる。また、車椅子利用者は、一般の歩行者に比べて40cm程度視点が低くなる。誰もがわかりやすい標示にするためには、まず、文字表示はゴシック体を基本とし、大きな文字で表示することが基本である。背景色と文字色は明度差を大きくし、色を使う場合は色覚障がいの特性を考慮し、配色に注意する必要がある。また、表示の位置は、一般の方や車椅子利用者や子どもの視線でも見やすい高さを併用するなど場所に合わせた工夫も大切である（上図参照）。

海外からの観光客の急増に対応し、ピクトグラムと文字表記を併用することで、外国人にもわかりやすい標示を工夫することも必要である。

【2】 トイレ

排泄は人間の尊厳に関わる大切な行為である。そのため、障がい者のみならず、高齢者、子ども連れでの外出の際、快適でスムーズに使用できるトイレの有無は大変重要なポイントになる。トイレまでのアプローチを含めて、車椅子での利用を前提に、できるだけ広いスペースを確保した「多目的トイレ」とすることで、高齢者が介助者とともに利用できたり、子どものおむつ替えが容易にできるなど、さまざまな利用者に対応することが可能になる（右図参照）。広いスペースの確保が難しい場合でも、出入り口の幅を確保し、手すりを適切な位置に設置することが必要である。出入り口は引き戸または外開きとし、中で人が倒れた場合でも外から開けられるようにしておく（下図参照）。また、ベビーチェアやおむつ交換ベッドの設置は男女両方のトイレに必要である。

「どこでも、誰でも、自由に、使いやすく」というユニバーサルデザインの考え方を実践するには、条例や基準の数値をクリアすることに加えて、

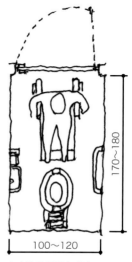

▲車椅子用最小寸法

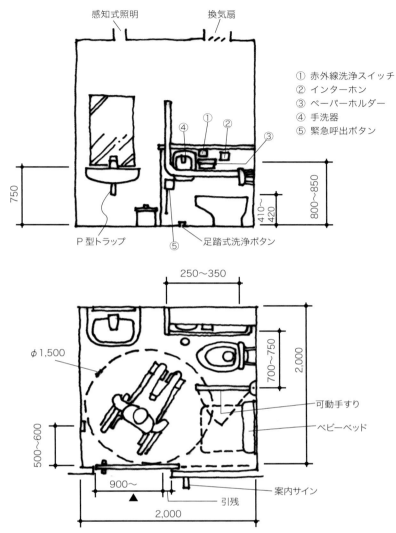

▲みんなのトイレ（平面図、展開図）

業種や規模、場所や来店客の特性に合わせた工夫が不可欠である。観察調査、聞き取り調査、体験等を通してのみわかることもたくさんあるはずである。物理的にも心理的にもバリアをつくらず、すべての人々の生活の質の向上につながる店づくりや街づくりが求められている。

6.2章　商業施設一般に関する法規

6.2.1　建築基準法

　建築物を建てる際、最も基本的な決まりごとを示したのが建築基準法である。

　建築基準法で定める規制には、①建物の高さや面積、あるいはその地域に建設可能な建物の用途などを定めた「集団規定」と、②内装や構造、避難経路など各建物の設計仕様を定めた「単体規定」がある。集団規定は、その街にふさわしい環境を保つことを目的とする。単体規定は、建物の安全性や居住環境を確保するために定められたものである。

◎　用途地域

　用途地域は、第1種低層住居専用地域から工業専用地域まで12種類に分けられている。

　第1種・第2種低層住居専用地域で建てられる商業施設は、日常的な買い物や飲食のできる店舗など。その他の地域でも物販、飲食、サービスの店舗は面積に応じて制限があり、キャバレーなどは商業地域と準工業地域でのみ建てられる。

◎　耐火建築物、準耐火建築物

　建築基準法の持つ大きな役割の1つが、火災の被害を最小限に抑えること。まずは、建築物自体の耐火性能が問われる。

　防火地域では階数が3以上になるか延べ面積100m²を超える場合、準耐火地域では地上4階以上か1,500m²を超える場合に、耐火構造にしなければならない。その他、防火地域ではすべて、準防火地域で地上3階以上か500m²を超える場合は、準耐火建築物以上にする必要がある。

◎　防火区域

　防火区域は、建物内で発生した火災の延焼を防ぐために設けられている。

　防火区画には、耐火建築物で1,500m²以内、準耐火建築物で500m²以内、1,000m²以内というように面積ごとに区画する「面積区画」のほか、吹き抜けなど垂直方向に伸びる空間の周囲を区画する「竪穴区画」、店舗部分とそれ以外の用途の部分を区画する「異種用途区画」、11階以上の階で区画する「高面積区画層」がある。

◎　内装制限

　インテリアデザインで最も大きな影響を受けるのは、内装制限だろう。これは延焼を遅らせることを目的に、燃えにくい内装材を用いるように定めたもの。

　不燃材、準不燃材、難燃剤の別がある。不燃材はどの商業施設でも使えるが、準不燃材や難燃剤は、耐火・準耐火建築物の別や階数、面積などによって使える場所が決められている（表参照）。

◎　避難規定

　火災などが発生したとき、建物内に居る人が屋外へ安全に逃げられるようにするために、階段まわりの仕様と設置数が定められている。

　まず、屋外まで直接つながる「直通階段」を設けなければならない。1,500m²以上の床面積を持つ物販店では、2階以上の階で2つ以上の直通階段を要する。

◎　排煙設備

　火災時に安全に非難するためには、煙に巻き込まれないようにする必要がある。そこで設けられているのが、排煙設備の規定だ。

　排煙設備は、500m²以内ごとに防煙壁で区画したもので、区画内のどの場所からも30m以内となる位置に排煙口を設ける。商業施設の場合、延べ500m²を超えるか、排煙上の無窓居室となる場合に設置が必要となる。

◎　シックハウス対策

　近年、建物内に使われているホルムアルデヒドなど揮発性有機化合物（VOC）による健康被害が問題になっている。2003年7月の改正で、建築基準法にシックハウス対策の条項が加わった。

● 内装制限

対象建築物	条件			対象場所（壁・天井）	内装材
	耐火建築物	準耐火建築物	その他の建築物		
百貨店・マーケット・展示場・キャバレー・カフェ・ナイトクラブ・バー・ダンスホール・遊技場・公衆浴場・待合い・飲食店・物販店など	3階以上の店舗の床面積1,000m²以上	2階部分の店舗の床面積500m²以上	店舗の床面積200m²以上	居室	難燃（3階以上の居室の天井は準不燃）
				廊下、階段など	準不燃
地階または地階の工作物内の居室	すべて			居室、廊下、階段など	準不燃
無窓居室	50m²以上				準不燃
併用住宅の調理室	—	階数2以上の階（最上階を除く）		火気使用室	準不燃
調理室、ボイラー室など	—	すべて		火気使用室	準不燃
階数3以上	建物の延べ面積500m²を超えるもの			居室	難燃
				廊下、階段など	準不燃
階数2	建物の延べ面積1,000m²を超えるもの			居室	難燃
				廊下、階段など	準不燃
階数1	建物の延べ面積3,000m²を超えるもの			居室	難燃
				廊下、階段など	準不燃

　現状で定められているシックハウス対策は、大きく2つに分けられる。1つ目は、防蟻材に使われていたクロルピリホスの使用禁止。2つ目が、ホルムアルデヒドに対する制限で、ホルムアルデヒドを発散する建材の使用面積を規制すると同時に、換気設備の設置を義務づけ、天井裏などの仕様を定めた。

　なお、シックハウスの主な原因となっているのは建材だけではない。家具や什器にも、接着剤を中心にVOCが用いられていることが多い。そこで、VOCの発生する可能性が高い「家具などを販売する店舗」では、必要な換気回数を0.5回/h以上に設定し、ほかの店舗（0.3回/h）より多い換気量の確保を求めている。

6.2.2　消防法

　火事の被害を最小に食い止めるため、消火や火災警報、避難誘導などの設備の設置方法を定めているのが消防法だ。当然のことだが、これらの設備は建物の完成時だけでなく、使い始めてからも常に適正な状態に保っておく必要がある。商業施設でも、防火管理者が、避難訓練や消防用設備の定期点検を行うことが定められている。

◎　**防火対象物**

　消火をはじめとする各種設備を設けなければいけない建築物を防火対象物と呼び、中でも不特定多数の利用する建物を特定防火対象物と言う。特定防火対象物では、消防用設備の基準がより厳しく設定されている。商業施設のほとんどは特定防火対象物だ。また、商業施設とその他の用途が混在している建物は、特に厳しい基準が適用される。

◎　**消防用設備**

　消防用設備には、①スプリンクラーや消火器などの「消火設備」、②自動火災報知設備や非常警報設備などの「警報設備」、③避難器具や誘導灯などの「避難設備」の3種類がある。

　スプリンクラーは、地上11階以上の階ではすべての商業施設に、4階以上10階以下の階では1,500m²以上（用途によっては1,000m²）の商業施設に設置するように、階と面積によって設置基準が定められている。スプリンクラーを設置した建物では、建築基準法の防火区画や内装制限の基準の緩和がある。

　自動火災報知設備は、熱や煙を感知して非常べ

ルを鳴らす装置。面積や階、直通階段の数によって設置数が定められている。主な商業施設では300m²以上の場合、設置する必要がある。

人が出口から逃げ出すピクトグラムを描いた誘導灯には、通路誘導灯と避難口誘導灯がある。通路誘導灯は避難階段や外部へ行く経路を示すもので、白地に緑でピクトグラムと文字、矢印を施している。避難階段や外部への出入り口の場所を示す避難誘導灯は、緑地に白抜きでピクトグラムが描かれている。また、これらとは別に、劇場や映画館の客席通路を0.2ルクス以上に照らす客席誘導灯も規定されている。

6.2.3　バリアフリー新法

正式には「高齢者、障害者の移動等の円滑化の促進に関する法律」という。不特定多数が利用する施設や公共交通機関、道路や公園などをバリアフリー化する目的で、出入り口や廊下の幅、スロープの仕様などを規定する。2006年12月に施行され、それ以前のハートビル法（高齢者、身体障害者等が円滑に利用できる特定建築物の建築促進に関する法律）は廃止された。

バリアフリー新法では、守るべき基礎的な基準を示した「利用円滑化基準」と、より高いレベルの内容を規定した「利用円滑化誘導基準」という2つのレベルが設定されている。

◎　通路や昇降路などの基準

床には滑りにくい仕上げ材料を用いる。階段やスロープ（傾斜路）がある場合は、その前後に点状ブロックを設けるほか、端部に明度差を設けるなどして識別しやすいようにする。1/12を超える勾配を持つスロープや階段には手すりを設ける。車椅子使用者用の便所や駐車場を1つ以上設ける。商業施設に求められる基本的なバリアフリーの要件は、およそ以上の内容になる。

ただし、道路や車椅子使用者用駐車場から地上階の利用居室までの経路、利用居室から車椅子使用者用トイレまでの経路は、とくに「利用者円滑化経路」と呼ばれ、より厳しい仕様が求められる。例えば、通行する場所には段差をなくし、出入り口や廊下では車椅子で不自由なく通行できる幅を確保すること。階段がある場合には、傾斜路や昇降機を併設すること。スロープの勾配も1/12以下とすることなど。なお、各地方自治体で独自に定めるバリアフリー関連条例があるため、そちらも十分に参照されたい。

6.2.4　食品衛生法

店内で食品を加工、製造するベーカリー、和・洋菓子店、豆腐店。あるいは乳類、食肉、魚介類などを販売する店舗。これらは、食品衛生法で施設の仕様が細かく定められている。

食品衛生法では、食品製造の作業場や飲食店に共通して設けられた基準（共通基準）と、業種ごとに指定された特定基準がある。これらの店舗では、共通基準や特定基準をすべて満たさないと保健所から営業の許可を得られず、開業もできない。保健所との事前協議は欠かせない作業だ。

◎　食品衛生法の内容

東京都が定めている共通基準は、次のような内容となっている。
①清潔な場所を選ぶ。
②鉄骨造、鉄筋コンクリート造、木造など十分な耐久性を持つ構造とする。
③使用目的に応じて壁や間仕切りで区画する。
④床や内壁、天井は耐水性を持ち、清掃しやすい構造とする。
⑤50ルクス以上の照度（実際の運営を考えると、JIS規格の200以上ほしい）。
⑥ばい煙、蒸気等の排除設備の設置——など

このほか、防鼠・防虫のための網戸の設置や、食器を衛生的に保管・使用するための設備の規定、食品や食器の洗浄設備と従業員手洗いの区別など、衛生上のチェック項目が並ぶ。便所や更衣室は、作業場に影響を与えない場所に設けることとされる。

特定基準については、業種ごとに定められている。いずれも、食品の取り扱い量に見合った冷蔵

● 食品物販店に関連する法規

建築基準法	用途	法別表第2「店舗・物品販売を営む店舗」
	特殊建築物	法別表第1（4）「百貨店、マーケット、展示場、物品販売業を営む店舗で床面積の合計が10m²を超えるもの」
都市計画法	市街化調整区域	法34条1号「日常生活に必要な物品の販売・加工・修理等の店舗」
消防法	防火対象物	施行令別表1（4）「百貨店、マーケット、店舗、展示場」
東京都建築安全条例		第2章特殊建築物「物品販売業（物品加工修理業を含む）を営む店舗（百貨店、マーケットも含む）で床面積の合計が200m²を超えるもの」 第4節「物品販売業を営む店舗」：接道規定、前面空地、屋上広場
東京都火災予防条例		売り場内通路、屋上広場、火気使用制限（裸火規制）
東京都文教地区建築条例		マーケット（市場を除く）の建築制限
食品衛生法		許可営業対象業種の定義 営業施設の構造設備基準

庫や陳列ケースの確保が求められる。また、冷凍魚介類や包装冷凍肉を保存する冷蔵庫や陳列ケースは、−15℃以下の冷蔵能力を備える必要がある上、最高最低温度計を設置しなければならない。

6.2.5 理容・美容・エステティックに関する法規

頭髪の刈り込みや顔そりなどによって容姿を整えるのが理容師。パーマネントウェーブや結髪、化粧などによって容姿を美しくするのが美容師。別の言い方をすれば、理容師はパーマをかけられず、美容師はかみそりで顔をあたることはできない。このように理・美容店の施設基準は理容師法と美容師法で定められている。開業する際には営業許可も必要となる。

◎ 理容店・美容院の施設基準

理・美容店舗を開業する際には、所轄の保健所を通して都道府県知事または市長への届出を行う。施設については、作業室の床面積や、椅子の数、作業室と区別された客の待合場所の設置床の素材や採光、照明などの諸設備の基準、消毒設備の内容などが規定されている。

それぞれの基準の内容については、東京都の例として、作業室の面積が13m²を超える場合の椅子の数は、理容室が3台+1台/4.9m²であるのに対し、美容室は6台+1台/3m²と、やや多め。しかし、その他の基準は、作業室の面積を13m²以上確保することなど、ほぼ理・美容室で共有している。

◎ エステティックサロンの施設基準

冒頭で述べたようにエステティックサロンとしての施設基準や営業許可の届出はない。しかし、エステティックサロンで行う個々の施術内容に応じてそれぞれの法律が適応されることも多いので、事前チェックは欠かせない。

例えば、フェイシャルやネイルケアは美容行為に相当するので、美容師法に基づく営業許可の届出が必要となる。また、脱毛や痩身施術などは、用いる器具によって医療法や「あはき法」（「あん摩マッサージ指圧師、はり師、きゅう師等に関する法律」）の対処となる可能性がある。この場合は、医師法または「あはき法」、および柔道整復師法に基づく許可申請を出さなければならない。スタイルによっては、ほかの法規チェックも必要である。個々に各役所、所管窓口にて関連条法を確認してほしい。

商業施設士補になるには

　戦後、日本の経済社会の構造は、大きく変化してきました。小売流通業界をはじめ飲食、サービス業界は、消費者の購買動向の変化にともない、その店舗施設にも大きな影響を与えてきています。

　今後、将来を担う若い皆さんには、その店舗という名の「舞台」を、魅力的な商業施設として企画・設計・デザイン・監理するための知識を習得してほしいと考えています。その証として『商業施設士補』という資格制度が2000年に創設されました。

　『商業施設士補』資格は、公益社団法人商業施設技術団体連合会が認める学校・課程（＝「認定校」）の学生（卒業生含む）が、商業施設士補資格講習会を受講することにより取得できます。

　なお、講習会概要は以下のとおりです。

- ●実施時期　　　　：　例年10～11月頃（前期）及び2～3月頃（後期）
- ●受講・登録手数料：　10,800円［講習料・書籍テキスト代・登録費・消費税を含む］
  なお「商業施設士補」有資格者は、上位資格である商業施設士試験の学科試験が免除されます。
- ●講習地　　　　　：　札幌・仙台・東京・金沢・名古屋・大阪・広島・高松・福岡・鹿児島
- ●講習内容／構成　：　1日間を以下のスケジュールにて実施されます。

講習時間　10：00～16：30（休憩時間を含む）

時　間	講　習　内　容　等	
10：00～10：15	オリエンテーション	
10：20～11：15	講義1	商業施設のしくみ
11：25～12：20	講義2	商業施設の構成
13：15～14：10	講義3	商業施設の計画
14：20～15：15	講義4	企画・デザイン～監理と製作施工
15：20～15：30	注意事項	
15：30～16：30	修了考査（講義のポイントをおさらいします）	

※講義の順番は、講習地によって変更する場合があります。

　詳しい実施概要は、受講する年度の総合案内を下記へ確認してください。

　　公益社団法人　商業施設技術団体連合会

　　〒108-0014　東京都港区芝5－26－20　建築会館
　　TEL　03-3453-8103　　FAX　03-3453-8109
　　E-mail　info@jtocs.or.jp
　　URL　http://www.jtocs.or.jp

商業施設士になるには

商業施設士補になられた翌年度以降に、受験資格のある「商業施設士」という資格制度があります。
　これは、商業施設の企画・デザイン・設計等に携わる技術者を対象として、専門知識や技能について試験を行い、試験に合格された方に登録手続きを経て、商業施設士の称号を付与するものです。

試験の構成

前述の「試験」の構成は、以下のとおりです。

a) 『学科試験』及び『構想表現（実技）試験』の2つの試験が実施されます。
b) 受験年度の前年度までに学科試験に合格された方、商業施設士補の方については、申請により、学科試験が免除されます。
c) 受験年度の前年度までに構想表現（実技）試験に合格された方については、実技試験が免除されます。
d) 下表に掲げる資格を有する方は、申請により、学科試験の選択問題のうち、施設と設計の科目または生活と商業の科目が免除されます。受験年度の前年度以前の試験において、資格による科目免除を受けた方が、本年度試験を受験する場合も、再度、その申請をしなければなりません。

資格名称等	免除する試験科目
1. 一級・二級・木造建築士	施設と設計の科目
2. インテリアプランナー	〃
3. 中小企業診断士	生活と商業の科目
4. 一級販売士	〃
5. インテリアコーディネーター	〃

e) 学科試験は、「共通問題」（学科試験を受験すべき対象者のすべての方が受験しなければならない試験項目）と「選択問題」（4科目のうち、2科目を選択して受験できる試験項目）で構成され、出題形式は多肢択一方式とします。
　構想表現（実技）試験では、「図案表現」か「文章表現」のいずれかの試験方法を選択できます。

受験資格

a) 学科試験の受験資格
　原則として、「満20歳以上」の方は誰でも受験することができます。

b) 構想表現（実技）試験の受験資格
　下表の区分のいずれかに該当する方は、受験することができます。

		実務経験年数	
	最終卒業学校または資格	商業施設関連課程卒	左記以外の課程卒
学歴＋実務	大学・短期大学 高等専門学校 専修学校・専門課程 高等学校	卒業後1年以上 〃　1年以上 〃　1年以上 〃　2年以上	卒業後2年以上 〃　2年以上 〃　2年以上 〃　3年以上
資格	一級・二級・木造建築士 インテリアプランナー 再開発プランナー 中小企業診断士 一級販売士 インテリアコーディネーター	0年	
	商業施設士補　大学		
	短期大学・専門学校	士補資格取得翌年度の試験より受験可	
実務のみ	実務経験のみ	5年以上	

※なお、商業施設関連課程とは、建築系・スペースデザイン系・プロダクトデザイン系の学科及び専攻・コース・系の系統などがあります。

c) 実務経験
・実務経験年数は、受験年度の9月30日までを、算入することができます。
・実技試験の受験資格一覧表の受験資格区分に応じて、所定の年数以上の実務経験を有していることが必要です。
　なお、実務経験の定義は以下のとおりです。

●建築事務所・デザイン事務所のほか、デパート、スーパーマーケット、ショッピングセンター、中小小売店、及び各種サービス施設等において、展示・陳列・装飾・デザイン・店舗管理・工事監理・施工・企画・設計等々の業務に従事されている実務経験のことをいいます。
　「商業施設」に対して何らかのかたちで携わっている、あるいは携わった経験があることをいいます。
　また、研究・教育、積算・セールスエンジニアリング等も実務経験と見なされます。

参考図書

1) 商業施設の企画（商業施設技術体系1）　社団法人商業施設技術団体連合会　1994年
2) 商業施設・創造とデザイン　改訂新版（Vol. 5）　公益社団法人商業施設技術団体連合会　2012年
3) 日本の流通革命　田島義博　日本能率協会　1962年
4) 商業建築企画設計資料集成（2）　設計基礎編　日本店舗設計家協会監修　商店建築社　1984年
5) ライティングデザイン事典　島崎信監修　産業調査会　1986年
6) 新しい店舗計画／物販・飲食　武塙修・遠藤雄二　財団法人経済調査会　1989年
7) 流通機構の話　田島義博　日本経済新聞社　1990年
8) 商業立地の知識　山下勇吉　日本経済新聞社　1994年
9) マーケティング戦略の実際　水口健次　日本経済新聞社　1995年
10) わかりやすい店舗インテリア図面の見方・かき方　山本洋一　オーム社　1997年
11) 流通用語辞典（新版）　日本経済新聞社編　日本経済新聞社　2000年
12) 東京都福祉保健局生活福祉部地域福祉推進課　店舗等内部のユニバーサルデザイン整備ガイドライン　2010年
13) 商業建築・店づくり法規マニュアル　商業建築法規研究会編　p. 129　商店建築社　2012年
14) 景観色彩ガイドラインの活用による地域ブランディングの可能性：－特定色を指定する「意味付与型」の表現方法に着目して－　日本建築学会　計画系論文集、第78巻　第685号　平田徳恵ほか　2013年
15) 菓子入門（改訂2版）　早川幸男　日本食糧新聞社　2013年

クレジット

写真クレジット

Nacása & Partners Inc.　042〜047，166〜171，178〜183
HIROYUKI　HIRAI　　048〜053
HaKoDesign/神山和裕・堀川純一　116〜121
高野寧雄　122〜127
N. MORIYAMA　144〜149
山本陽一建築設計事務所　150〜151，166〜171

図版提供

金城正紀　社会環境設計室　　036〜041，054〜059

設計クレジット

HaKoDesign/神山和裕・堀川純一　116〜121
山本陽一建築設計事務所　150〜151，166〜171

〈編者略歴〉

高柳 英明（たかやなぎ　ひであき）
1972年生まれ
早稲田大学大学院理工学研究科 博士後期課程修了 博士（工学）
東京都市大学都市生活学部 准教授
株式会社高柳英明建築研究所代表
早稲田大学大学院 非常勤講師兼務
都市住宅学会賞業績賞　他受賞

飯田 有登（いいだ　ありと）
1968年生まれ
日本工業大学建築学部卒業
町田・デザイン専門学校 理事 教頭 建築学群学科長

- 本書の内容に関する質問は、オーム社ホームページの「サポート」から、「お問合せ」の「書籍に関するお問合せ」をご参照いただくか、または書状にてオーム社編集局宛にお願いします。お受けできる質問は本書で紹介した内容に限らせていただきます。なお、電話での質問にはお答えできませんので、あらかじめご了承ください。
- 万一、落丁・乱丁の場合は、送料当社負担でお取替えいたします。当社販売課宛にお送りください。
- 本書の一部の複写複製を希望される場合は、本書扉裏を参照してください。

JCOPY＜出版者著作権管理機構 委託出版物＞

実践テキスト　店舗の企画・設計とデザイン

2017年12月25日　第1版第1刷発行
2022年 2 月10日　第1版第4刷発行

監 修 者　公益社団法人　商業施設技術団体連合会
編　　者　高 柳 英 明
　　　　　飯 田 有 登
発 行 者　村 上 和 夫
発 行 所　株式会社 オ ー ム 社
　　　　　郵便番号　101-8460
　　　　　東京都千代田区神田錦町3-1
　　　　　電 話　03(3233)0641（代表）
　　　　　URL　https://www.ohmsha.co.jp/

Ⓒ公益社団法人　商業施設技術団体連合会 2017

印刷　中央印刷　　製本　協栄製本
ISBN978-4-274-22165-1　Printed in Japan

Note